信息技术前沿

——在经管领域的应用

李建勋　曹永峰　原欣伟　张锐军◎编著

The Frontier of Information Technology
—Application in the Field of
Economics and Management

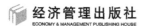
经济管理出版社
ECONOMY & MANAGEMENT PUBLISHING HOUSE

图书在版编目（CIP）数据

信息技术前沿：在经管领域的应用/李建勋等编著. —北京：经济管理出版社，2021.7（2023.3重印）

ISBN 978-7-5096-8160-2

Ⅰ.①信…　Ⅱ.①李…　Ⅲ.①信息技术—应用—经济管理—研究　Ⅳ.①F2

中国版本图书馆 CIP 数据核字（2021）第 145190 号

组稿编辑：魏晨红

责任编辑：魏晨红

责任印制：黄章平

责任校对：董杉珊

出版发行：经济管理出版社
　　　　　（北京市海淀区北蜂窝 8 号中雅大厦 A 座 11 层　100038）

网　　　址：www.E-mp.com.cn

电　　话：（010）51915602

印　　刷：北京虎彩文化传播有限公司

经　　销：新华书店

开　　本：710 mm×1000 mm/16

印　　张：11.25

字　　数：251 千字

版　　次：2022 年 6 月第 1 版　2023 年 3 月第 2 次印刷

书　　号：ISBN 978-7-5096-8160-2

定　　价：68.00 元

前　言

　　信息技术是对数据、信息、资源、知识等进行处理、分析、管理所采用的各种技术的总称，主要以计算机为工具，利用通信、自动化、计算机、管理学等学科知识，来设计、开发、安装和实施信息系统，并提供相应的调度、预测、决策等服务。随着科学技术水平的不断提高，信息技术也得到了长足发展，出现了人工智能、物联网、区块链等支撑高效能处理与智能化控制的新手段，并在各重要领域获得了广泛应用，为智慧化的信息资源管理与决策提供了新的机遇。

　　考虑到国内外涉及信息前沿技术的知识往往分散在不同的期刊、著作以及互联网等媒介中，本书从一线教学的实际出发，在综合信息技术基础知识的同时，强调了信息科学的前沿性，既涉及数据库、数据挖掘、计算机网络、操作系统、人工智能等传统研究领域，又涉及复杂性理论、增强现实、大数据、云计算等前沿理论。在力保学生所需信息技术广度的前提下，简要地阐述了国内外的前瞻性方向。

　　本书的资料来源于西安理工大学经济与管理学院开设的信息技术前沿课程的讲稿，包含复杂性理论、大数据技术、云计算技术、人工智能技术、虚拟现实技术、物联网技术、现代通信技术以及其他前沿技术等，共12章，每个章节简明扼要地讲解一个独立的信息技术领域，并适当配以简单应用实例。读者既可以按照传统的方法逐章阅读，也可选择感兴趣的章节直接阅读。本书可作为高等院校经管类各专业信息技术导论的教材，也可供参加自学考试和对信息技术感兴趣者参阅。由于时间有限，书中难免有疏漏与不妥之处，恳请广大读者与同行专家批评指正。

　　本书在编写过程中，参考和引用了大量国内外的著作、论文和研究报告。由于篇幅有限，仅仅列举了主要的参考文献。编者向所有被参考和引用论著的作者表示由衷的感谢，正是他们的辛勤劳动成果为本书提供了丰富的资料。如有资料没有查到出处或因疏忽而未列出来源，请原作者见谅，并请告知我们，以便再版时修正。

　　另外，西安理工大学的硕士研究生马美玲、孙鑫鑫、成文洁、刘浩、刘晓雨、杨丽、王超、郭行健、符浩鑫、李嘉欣、许启苗、张若晨、王梦婷均对本书的初稿进行了部分校对。最后，还要衷心感谢经济管理出版社的所有工作人员。再次向上述研究人员及书籍编写、出版的参与人员表示衷心的感谢！

目　录

1 复杂性理论基础

1.1 复杂性理论

1.1.1 复杂性科学简介

复杂性科学以功能、子系统繁多以及结构、关系复杂的系统为研究对象，采用超越还原论的方法体系，剖析和诠释复杂系统运行规律，是提高人们认知与探索能力为主要目的的一种跨学科研究领域。而还原论则对复杂问题进行抽象，将未知推向已知，用低级代替高级、简单代替复杂，通过忽略多种因素加以解决。对于复杂性科学，学者们表达了不同的观点，霍金认为 21 世纪是复杂性科学的世纪，莫兰认为复杂性科学将创立新的理论框架体系或范式，钱学森认为系统分为简单系统和巨系统（依据：子系统量）、简单巨系统和复杂巨系统（依据：子系统间关系）、开放复杂巨系统（依据：与外界交互），而解决问题的方法则是采用定性到定量的综合集成研讨体系。结合莫兰的学说、普利高津的布鲁塞尔学派和圣塔菲研究所形成的理论体系，复杂性科学重点探讨一系列对偶问题：定性、定量；微观、宏观；还原、整体；量变、质变；偶然、必然。学者们结合实际应用需求，对复杂性科学形成了部分共识：

无序和有序共同缔造了复杂性系统，二者共同作用、互相转换。

不可逆性和随机性统治着诸多复杂系统。

复杂性还体现在与环境交互，影响环境、改变自我。

复杂性的感性认识如图 1-1 所示。

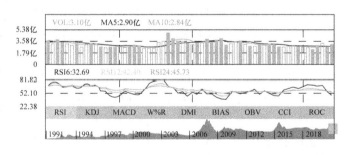
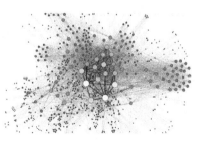

图 1-1 复杂性的感性认识

1.1.2 复杂性科学的特征

复杂性科学的特征有非线性、不确定性、自组织性、涌现性。

（1）非线性。非线性是表面绝对无规律性以及内在的复杂规律性，是多样性、不可预知性和差异性的集合。任何系统本身不存在线性，线性的本质是抽象。相对于线性，非线性算符 $N(\varphi)$ 可以定义为对一些 a、b 或 φ、ψ 不满足 $L(a\varphi + b\psi) = aL(\varphi) + bL(\psi)$ 的算符。

（2）不确定性。不确定性是客观不确定性、主观不确定性、过程不确定性、博弈不确定性和突变不确定性的总和，由测不准原理（测量方案影响被测对象，被测对象基于概率出现）、不完全性定理（给定系统中必然存在该系统中不可被证明的定理）所表征。处理不确定性问题的方法有概率、数理逻辑、模糊数学、随机过程。

（3）自组织性。自组织性是指自组织、自创造和自发展，无需外部的特定指令，并且能够从无序到有序，从低阶到高阶自主地移动，从而形成结构化的系统。其发生的条件为系统开放、远离平衡、非线性的相互作用和涨落。

（4）涌现性。涌现性表现为系统整体具有部分或者"部分和"所不具有的属性、特征、行为、功能等特性。涌现来自个体间关系的演化，且不可预知，不是简单的加总。

1.1.3 复杂性理论的主要分支

复杂性理论的主要分支有以下几个方面：

（1）复杂网络。复杂网络被定义为部分具有自相似、自组织、吸引子、小世界、无标度等性质的网络。复杂网络结构复杂，节点样式、数目巨大，具备动力学特征，具有小世界、幂律、介数等相关属性。

（2）复杂适应系统。该系统中的个体可以与环境中的其他个体进行通信。在这种交流过程中，个体不断互相学习、积累经验，并根据所学的经验不断自我发展，改变自身的结构和行为。另外，最底层的个体可以相互交流和沟通，以强调新的结构、现象以及超越先前和整体水平上的更复杂的行为。其核心是：系统中各主体可与环境、其他主体交互作用，改变自身行为。

（3）平行系统。在原始系统自然运转的条件下，使实验系统各部分逐步校正、逼近，最终在有机组合后全息地描述原始系统。平行系统各部分基于历史、现状来预测未来，在未来时刻与预测结果比对，进行系统校准，然后融合，综合集成后可代替原始系统。相关的概念还有计算实验、系统演化、虚拟现实、系统逼近等。

（4）人工生命。人工生命是指在计算机技术的辅助下，以非生物体系作为媒介，而形成的具有生命特征的体系架构或系统。相关的概念还有细胞自动机、L系统、迭代进化等。

（5）智能体。智能体是具有独立的特征属性、行为并可以同环境交互的实体，具备自治性、反应性、社会性、主动性、进化性等特征，由一些方法、函数、过程、算法、学习来实现，能持续自主地发挥作用，以探寻多个或多种类智能体的属性及行为，建立生存环境与生命周期，其核心探讨内容为环境、边界、行为、方法、演化、过程。

（6）综合集成。综合集成是融合定性、定量，历史、未来，机器、人工，微观、宏观，采用深度人机交换方式，综合多种系统服务所构成的一种智能体系。其研究内容还涉及组件化、主题化、知识化，如图 1-2 和图 1-3 所示。

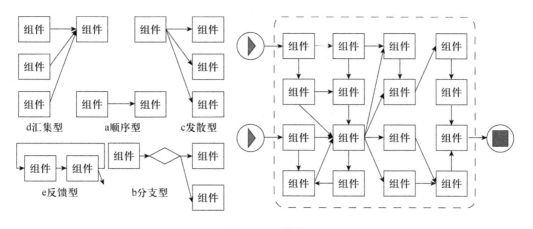

图 1-2　组件化

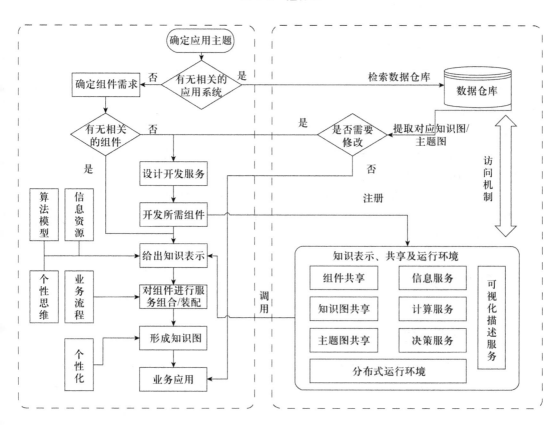

图 1-3　主题化、知识化

1.1.4　复杂性理论在经管领域的应用

（1）应用于战略管理。复杂性理论的应用研究源于对网络经济环境下市场的理解以及对商业生态系统和混沌理论的研究。其在战略管理中的应用，主要体现在引入"共生商业生态系统"和"共同进化"两个概念上。该理论应用的核心思想是，在动态和非线性的复杂环境中，公司战略应着重于创建共生的商业生态系统，同时注意系统中嵌入的不同参与者和流程的动态张力，以及它们之间的互动。同时，在适应机制的作用下，这种"共同进化"不仅体现在系统中企业组织之间的共同进化中，而且还体现在环境与公司战略的共同进化中。实际上，基于复杂性理论的战略思考的逻辑是：对环境"机会"和内部条件的分析→制定旨在创建和改善业务生态系统的公司战略→提高适应业务生态系统的能力网络关系→实现基于复杂环境下企业绩效的提高→企业生态系统的演进与发展，实际上，在共生商业生态系统的战略思想指导下，在企业网络组织结构的背景下企业增强了关系管理能力和自适应能力，最终实现了企业战略与环境的共生以及业务生态系统中各种网络组织的不断发展，以实现改善公司绩效和业务生态系统的目标。

（2）应用于公共管理。复杂性理论为社会科学研究提供了新的视野，其强调的系统整体性、复杂性和动态性观点，有助于从宏观层次理解和解释社会问题以及社会现象的动态发展。现今，公共管理表现出了明显的复杂性转向：研究目标呈现非叠加性；主体具有多元性；要素关系从孤立转为互动；发展机制趋于非线性，系统开放性增强。基于复杂性理论，可以采用宏观、微观研究方法更好地分析公共管理系统中个体的互动行为。在环境治理中，可借助复杂性理论的视角研究现代公共行政下的环境多元治理模式，在确保多元性和协同性的条件下实现治理体系的整体开放性。在城市空间规划中引入复杂性理论，则可通过"复杂性认识→复杂系统方法→空间网络设计"的内在逻辑构建城市社区生活圈公共健康空间模式框架，厘清人、空间和健康之间的复杂关系，提供社区空间优化策略。

1.2　复杂网络

1.2.1　复杂网络的概念

复杂网络是一个由具有活动节点的网络进行自组织和链接，以进行复杂的技术创新，并通过节点之间的非线性交互作用而实现的动态组织结构，其根据一定的路径共同发展。复杂网络具有自组织、自相似性、吸引子、小世界和无标度的某些或全部属性。它由多个主题连接构成代理或活动节点，节点必须通过网络链接（该网络可以是不可见的网络，也可以是有形的网络），而网络动态地反映了对外部环境条件变化的适应能力。例如，人与人之间的关系网络会受到各种外部因素的影响而发生变化，但无论如何变化都是在适应外部环境的改变。

近年来，复杂网络方面相关研究主要关注三个方面：借助经验方法测度网络的各种统计特性；建立网络模型认识统计特性并与实际现象相互对应；预测网络系统中可能会产生的行为或者宏观结果。复杂网络方面的研究成果大多发表在 Science、Nature、PRL、PNAS 等国际一流期刊，侧面印证了复杂网络是学术界的研究热点与前沿。

1.2.2 复杂网络的统计性质

从网络角度刻画对事物或环境的认知始于 1936 年，当时德国数学家 Eular 解决了柯尼斯堡的"七桥"问题。研究复杂网络的不同之处在于，首先要从统计角度检查大型节点特性及其连接关系。若存在差异则表明网络内部结构不同，进而引起网络系统整体功能的差异。具体的统计属性有：

（1）平均路径长度。在复杂网络中，节点间距离一般定义为连接节点的最短路径中边的个数，而一个复杂网络的直径则是网络中节点间的最大距离。平均路径长度则是指节点间的平均距离，其反映了网络中节点的离散程度。在复杂网络中，一个重要发现是多数网络的平均路径长度比人们预期的长度要小得多，这被称为"小世界效应"；另一个重要发现是在路径长度的分布中，平均经由的数量仅为 6。

（2）聚集系数。聚集系数用来刻画网络的紧密程度，其定义为节点及其相邻节点所构成整体的实际边的数量除以可能边的数量。网络的平均聚集则是所有节点聚集系数的均值。根据这个定义，平均聚集通常小于 1，若等于 1 则势必为一个全连接网络，即每两个节点之间必然有连接。

（3）度分布。复杂网络中，节点的度数定义为连接节点的边的数量，网络的平均度则定义为所有节点度数的平均值。度分布则是网络中不同度数的概率分布，可以通过一个节点度数占网络总节点个数比率的经验值来表示。

（4）网络弹性。将删除一个网络节点的连接对网络的影响定义为网络的弹性。一般来说，删除的方法有随机删除和选择性删除，分别对应于鲁棒性分析和网络漏洞分析。已有研究证明，随机删除节点并不影响 BA 网络的平均路径长度。

（5）介数。介数分为边缘中间性和节点中间性。中间性反映了整个网络中相应节点或边缘的作用和影响，具有很强的现实意义。

1.2.3 复杂网络的网络结构

（1）规则网络。规则网络中每个节点之间的连接采用相同的规则建立，是复杂网络模型中最简单的网络，其要求任意节点含有相同数量的邻居，这种网络通常具有对称性，如图 1-4 所示。

（2）随机网络。随机网络定义为在 n 个节点组成的复杂网络中，任意两个节点之间的连接概率为 p。随机网络的平均度为 $p(n-1)$、聚集系数为 p，且 n 较大时度的分布可以表示为泊松分布。从某种意义上讲，规则网络和随机网络是两个极端，而复杂网络处于两者之间。节点不是按照确定的规则连线，如果以纯随机方式连接，则所得网络称为随机网络，如图1-5所示。如果节点按照一定的自组织原则进行连接，则它们将演变为各种网络。

（3）小世界网络。小世界网络按照固定概率随机连接到网络，是一种高聚集的网络模型。它处于规则网络模型和随机网络模型之间，平均路径长度较小，如图1-6所示。已有研究证明，现实中多数网络都是小世界网络。

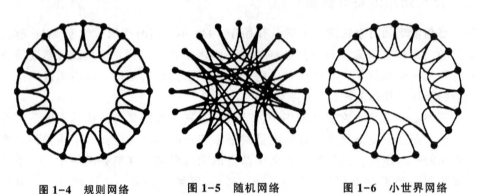

图1-4　规则网络　　　图1-5　随机网络　　　图1-6　小世界网络

（4）无标度网络（Scale-free Networks）。小世界模型的度分布一般为指数分布，而现实中网络大部分符合幂律的度分布，其没有峰值，也就是说多数节点只有很少连接，少数节点却有大量连接，即无标度特性。Barabási 和 Albert 还提出了 BA 模型，采用实际网络增长和优先连接两个属性来解释无标度网络的形成，如图1-7所示。

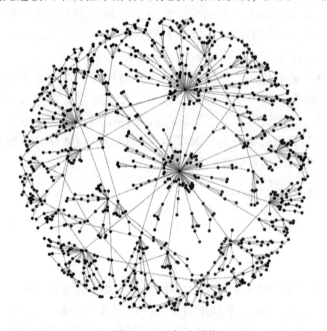

图1-7　无标度网络

1.2.4 复杂网络的复杂性

复杂网络的复杂性是本质特征，其主要体现在结构复杂、连接复杂、网络复杂、节点复杂等几个方面。

（1）结构复杂。复杂网络是从传统网络模型不断发展而来，其结构复杂性主要源于复杂网络的形成，从而产生了大量的网络节点，大量的节点又导致了复杂的网络结构。

（2）连接复杂。复杂网络具有复杂的网络结构和庞大的网络节点，节点之间的连接非常复杂，从而形成了复杂网络连接的多样性。复杂网络连接的多样性还反映在网络技术节点之间连接方法的差异上。

（3）网络复杂。由于网络节点的复杂性和多样性，形成了复杂的网络结构，并产生了网络动态复杂性。

（4）节点复杂。复杂网络的所有组成部分都来自网络节点，网络节点在这种复杂网络结构中代表着各种不同事物，且因事物的类型、结构、表征等而复杂多变。

1.2.5 复杂网络在经管领域的应用

（1）应用于供应链管理。供应链网络是一个包含市场主体、各种交易关系以及信息流、物流、资金流等的复杂系统，对于市场主体的利益和经济社会的发展有着重要的影响。其结构、运营和管理特征在经济转型和企业战略调整中会不断呈现新的变化，而传统的运筹优化理论和差分方程等理论对于解释供应链上企业的动态变化、上下游企业之间的复杂关联、供应链网络结构和风险传播等都有一定的局限性。而复杂网络中关于网络演化规律、网络协调理论、网络结构可控性的研究对于更好地认识供应链网络有重要的推动作用。运用复杂网络对供应链上的关键节点及其重要性进行识别和分析，有利于增加供应链网络的稳定性。在探究供应链网络结构域组分特征的基础上，构建风险扩散动力学模型，反映供应链在演化过程中的风险扩散特征，可以有效抑制风险的传播。另外，利用复杂网络研究供应链网络中各个企业之间的合作关系，则有利于形成稳定的利益网络，对提高供应链的整体效率也具有重要意义。

（2）应用于信贷投资风险防控。复杂网络主要研究事物之间存在的复杂关系，被广泛应用于信贷、投资等金融领域。由于社会和企业内外部经济环境的深刻变化，各个经济主体在股权、债券和资金之间的联动性日益紧密，客户与企业之间的信息不对称问题不断凸显，这使得商业银行的信贷管理难度加大。通过信贷客户的个人财务数据和商业银行提供的征信数据建立揭示企业授信要素之间联系的复杂网络模型，并利用其无标度特性分析企业与企业之间、个人与企业之间或者个人与个人之间的投资、担保等复杂联系，则可以有效识别和防控信贷风险。对于具有高度复杂性的股票市场预测，复杂网络也有明显的优势。复杂网络方法可以研究不同金融市场之间的风险溢出，识别优质股票，预测信用风险。在现代投资组合理论的研究中，股票关联网络中的拓扑指标和聚类系数还可以用来优化投资组合模型，尽可能规避一些非系统性风险，提高投资的经济效益。

1.3　复杂适应系统

1.3.1　复杂适应系统的概念

人们在很多时候都可以看到复杂系统，如蚁群、生态、胚胎、神经网络、人类免疫系统、计算机网络和全球经济系统。在此类系统中，大量独立主体以多种方式相互作用。这些无穷无尽的相互作用，会使每个复杂的系统作为一个整体产生自发的自组织。Holland 称这种复杂系统为复杂适应系统（CAS）。

（1）适应性造就复杂性。创造复杂性的因素可能是多方面的，而 Holland 认为适应性只是产生复杂性的机制之一，并不排除还有其他机制。系统在不断适应外部环境和内部功能要求的时候，将会不断优化自身，从而造就了复杂的体系结构。

（2）主体的适应性行为。CAS 中的成员称为自适应主体（Adaptive Agent），而主体的适应性就体现为它能与环境和其他主体相互作用。在这个持续不断的互动过程中，主体通过自我学习来改变自身行为或结构，其包括新层次的出现、分化，以及多样性地出现新的、聚集的、更大的主体等。另外，CAS 理论将系统成员视为具有自身目标和主动性的主体，这种主动性及其与环境的重复和交互作用是系统发展和演化的基本动力。

1.3.2　复杂适应系统的特点

与复杂系统相关的其他理论相比，CAS 理论有以下两个显著特点：

（1）CAS 使用涌现作为宏微观之间的联系。涌现是宏观系统的表现体系结构在微观主体演化的基础上发生的突变。这种突变一般难以识别，也不能用传统的统计方法等来完全解释。CAS 理论为解释经济、社会、生态、生物等诸多现象提供了一种新的方式。

（2）CAS 理论具有鲜明的可操作性。CAS 理论具有鲜明的可操作性，这在 Swarm 的发展和推广中得到了充分的体现。2000 年 8 月，在美国圣达菲举行的中美复杂系统建模研讨会上，以姜正华为首的中国代表团提交了 6 篇论文，反映了系统科学理论研究与应用的成果，而美国和其他国家的学者也发表了环境、社会学和历史学方面的研究成果，充分印证了 CAS 的可操作性。

1.3.3　复杂适应系统的基本特征

CAS 是由自适应主体相互作用、共同进化而逐层聚集涌现的系统。基于适应性主体的核心概念，Holland 提出了复杂适应性系统模型应具备的七大基本特征：聚合性、非线性、流动性、多样性、标志性、内部模型和积木性。其中，前 4 个特征是复杂适应系统的一般特征，在适应和进化中发挥作用；后 3 个特征是主体与环境沟通的机制和相关概念。

（1）聚合性。聚合是一种简化复杂系统的标准方法，它将相似的对象分组并相互作用。从这个意义上说，聚合是构建复杂自适应系统模型的主要手段之一，主体可以通过聚合主体形成更高级的介主体。这些介主体可以重新组合，产生介介主体。通过多次重复这一过程，得到了复杂自适应系统的层次组织。聚合的第二个含义是指相对简单的主体的聚合和互动，大规模行为必然会出现难以从原始状态所估量的结果，这种突现的结果是复杂自适应系统的基本特征。

在复杂系统的进化过程中，粒度较小、更低层次的主体以特定的方式结合在一起，形成粒度更大、更高层次的主体。聚合不是简单的合并，也不是对主体的废除，而是更高层次上新型主体的出现。

（2）非线性。非线性是指主体及其属性在发生变化时并不遵循简单的线性关系。现代科学遇到困难的重要原因之一就是它把视野局限在线性关系的狭窄范围内，无法描述和理解丰富多样的变化和发展。CAS 理论认为主体间的影响是一种主动的适应关系，而实际情况往往是一种复杂的关系，与负反馈或正反馈相互作用和纠缠，并且行为不可预测、系统进化过程蜿蜒曲折，呈现为多种属性和状态。

（3）流动性：CAS 的流动性体现为信息流、控制流在系统内部的传递以及与外部环境之间的交换，信息流在传递过程中，不断被各子系统或系统的部件所处理，得以升华，成为系统成果，控制则驱动系统正常运转并逐步得以优化。

（4）多样性。CAS 的多样性是一个动态的不断适应的结果，再融合上面提到的聚合，就可以形成系统在宏观尺度上所看到的结构，即自组织现象的出现。

（5）标志性：在 CAS 中，标志性主要体现为聚合过程和边界生成过程、各系统组件互相作用的一种机制，其以标志性的行为支持互相识别、互相选择、推动涌现的实现。

（6）内部模型。在一个 CAS 中，当自适应主体接收到大量涌入的输入时，它会选择相应的模式来响应这些输入，这些模式最终会固化成具有一定功能的结构，即内部模型。

（7）积木性。CAS 往往是基于一些相对简单的组件，通过改变它们的组合而形成系统，类似积木的搭建过程。

1.3.4　复杂适应系统在经管领域的应用

（1）应用于经济领域。复杂适应系统不仅可以用于生命与物理科学研究，其层次性、适应性和随机因素制约性的特点也适用于经济领域，能够被用来解决一些实际问题。复杂适应系统理论对经济主体灵活性的研究对于揭示经济主体行为的变化与市场环境之间的关系具有重要作用。CAS 的仿真技术可以将无法用语言清楚阐述的经济问题进行直观的表示，进而通过建模来分析现实经济系统中存在的涌现规律（SIMECO 模型），并且通过对经济主体进行仿真研究竞争市场过程和策略，对企业在竞争中取得胜利具有重要的指导作用。此外，对于消费税公平效应问题、商业模式创新机制研究、企业内部环境审计规制、城市级区块链发展等众多问题，采用复杂适应系统理论则突破了传统数学符号、语言解释的研究方法，为经济领域的研究提供了新思路。

（2）应用于管理领域。复杂适应系统理论为研究复杂环境中的管理问题提供了新方向。CAS 理论主要通过分析组织中各个主体之间的合作和竞争关系，探寻主体应该采取怎样的行为才能应对环境的不断改变，提高自身的竞争力。其应用思路为：通过 CAS 理论找出一般发展规律并建立模型，利用计算机进行仿真模拟，验证和预测未来一段时间内的发展态势。公司治理是一个外部环境与内部治理共同作用以实现利益相关者经济效益最大化的复杂适应系统。运用系统科学的原理研究公司治理机制中的系统构成、系统特征、环境变化及其运动规律，将能够通过改善公司治理机制、建立企业联盟等策略降低企业成本，获取综合利益最大化。CAS 的引入也使管理领域认识到了知识对企业创新的重要作用，进而越来越重视知识管理，并且 CAS 的自组织机能可以增强个体吸收、转化和创造新知识的能力，若采用建模仿真技术构建企业知识共享影响因素模型，则可使管理者深刻理解影响知识分享行为的因素，进而采取措施加强企业的知识共享。此外，CAS 理论也被用于企业信息系统项目管理、人力资源管理以及企业可持续发展动力机制构建等方面。

1.4 自组织临界理论

1.4.1 自组织临界的概念

自组织是指不需要外界的具体指令，能够自主地从无序走向有序、从低序走向高序，进行自组织、自创造、自进化而形成一个结构化的系统。临界则是系统所处的一种敏感状态，在这种状态下微小的局部变化可以通过"相变"（由量变到质变的过程）被不断放大并扩展到整个系统。换句话说，当系统处于临界状态时，它的所有组件的行为是相互关联的。

（1）自组织临界性。自组织临界性（Self-Organized Criticality，SOC）是指系统会自发地演化到临界状态，在临界状态下，一个小的扰动就可能引发连锁反应，造成非常大的灾难。自组织临界虽然是一种临界状态，但它又与一般的临界状态不同。自临界组织不需要通过调节参数来逼近临界点。自组织临界理论指出自然界中巨大的、开放的、远离平衡的、相互作用的耗散动力系统，可通过自组织过程，自发地演化为自组织临界状态。自组织临界具有鲁棒性、长程时空相关性和连通性，在时空上表现出幂律尺度行为。

（2）沙堆实验。当沙子一个一个地落在沙堆上时，会有一部分沙粒跟随着下落的沙子一起移动。起初，跟随移动的沙子较少，而当达到一定程度时，一粒沙子的落下就会导致整个沙堆的坍塌，从而沙堆坍塌前的状态形成了一种临界状态。

1.4.2 自组织临界的特征

（1）演化过程是自组织临界的过程。演化过程往往具备过程的不可逆性、动态行为自相似性、间歇爆发和不同尺度雪崩等特征，是一个自组织临界过程，而自组织临界性的实质则是崩塌动力学的分形动力学吸引子。

（2）自组织临界性具有稳健性。在 2D 或 3D 高度自由度时空扩展下，系统不需要设置特殊的初始条件，也不需要重置和微调，就可以通过自组织演化到临界状态。

（3）幂律是自组织临界性的证据。幂律分布在空间上具有尺度不变性，形成空间分形结构。这是一个自组织临界性的空间指纹，空间上的幂律分布和尺度不变性直接导致了时间上的幂律分布和尺度不变性。

（4）开放性。系统一直处于开放状态，与外界进行交互和能量交换，最终趋于一种有序或者无序状态。

（5）鲁棒性。系统不会因外界环境或者参数的变化而对关键状态产生影响。对于系统来说，必然要出现的状态将势必出现，外界参数仅仅能够影响出现的规模、时间、位置等。

1.4.3　自组织临界理论在经管领域的应用

（1）应用于金融领域。在以往的研究中已经发现经济系统具有自组织临界的典型特征，自组织临界理论所描述的系统演化特性与经济波动、信贷周期和金融危机等经济现象有极大的相似性，因而自组织临界理论在经济领域具有重要的价值。当前，人们已经将自组织临界理论和长程相关理论应用于金融市场波动异常特征分析，提出市场风险程度的指标，探索了其波动规律和经济性意义，验证了风险度量指标的有效性。经济周期在时间和波动上都呈现出明显的标度不变性，并从自组织临界理论的视角建立模型来解释金融危机，从而有助于判断在金融崩塌到来之际是否可以通过控制相变的临界条件（如金融机构的破产阈值）来延缓危机发生，避免泡沫破灭，进而从根本上杜绝金融危机的发生。在具有耗散系统特征的证券市场中，用自组织临界理论也能够准确阐释其演化规律，例如基于金融时序数据分析股价波动的标度行为和时空分形特性，可以解释证券市场中股灾等突发事件。

（2）应用于社会建设。自组织临界理论可以用于解释人类社会与自然环境的复杂关系，有助于正确认识人与自然的联系和人类活动对自然界的影响，对促进人与自然和谐发展具有重要的指导意义。研究表明，人与自然是一个复杂系统，同时处于一个自组织临界状态，一个微小的局部变化严重到一定程度就可以引起整个社会系统的改变，必须不断促进人与自然的和谐共生以获得人类社会的长足发展。此外，对城市发展的自组织研究也在不断深入，"城市空间聚集和演替都具有典型的自组织特性，所有城市都是自组织的"这一理念已经被广泛认可。将自组织理论与城市地理学方法论结合则有助于建立城市大科学观，深化对生态城市、数字城市、智慧城市等的研究。

1.5 智能体

1.5.1 智能体的概念

智能体理论研究重视跨学科间的交叉融合，涉及计算机科学、人工智能等众多学科。智能体是一个可以连续和自主地运行的计算实体，通过一些方法、函数、过程、算法和学习来实现，具有独立的特征属性和行为，并具备自治性、反应性、社会性、主动性和进化性。在实际运行过程中，智能体在动态环境中不断地自我更新、修正，并接受其他智能体的指派和操纵，形成一个互相沟通、互相操作的环境，从而对外部进行感知，做出适应性的反应。

1.5.2 智能体在经管领域的应用

（1）应用于系统优化与决策。智能体技术能够对现有系统进行更深层次的优化，已经实际应用于交通、电网、能源等多个领域。在交通管理系统中，可以使用智能体来表示车辆的属性与行为，在不同道路状况、拥堵状况下来研究通行行为和避让行为等。系统中各智能体之间相互合作、相互服务，各自又相对独立、相对自制，在统一的平台上经过决策协商解决智能体目标和行为之间的矛盾。在智慧微电网中引入数字孪生和多智能体，将智慧微电网的全生命周期管理过程分解为多个智能体，构建基于数字孪生驱动的智慧微电网多智能控制架构，采用多目标决策优化智能微电网的调度，可为其全生命周期管理提供运行指导。另外，借助智能体拥有的自制能力、智能和目标驱动属性，还能够感知和适应复杂的动态环境，因而在决策支持系统中通过多智能体协调可实现环境管理的分布式智能决策，这也是对智能决策支持系统（IDSS）的进一步发展。

（2）应用于生产制造。当前，为了提高制造业的自动化和智能化程度，多智能体技术在生产运作中被广泛使用，并取得了较好的效果。生产制造体系的各个加工单元可被视为智能体，整个加工过程就会被整合成为一个多智能体制造系统。在这个多智能体制造系统中，生产任务的实时调度、生产部门的知识共享等工作可以通过各个智能体之间的交互来完成。在生产线装配设计中，装配次序和生产线各部分的设计分别由两个不同的智能体执行，通过这两个智能体的相互协调和智能体的自组织可实现整个装配生产线的设计。此外，还可将智能体应用于柔性制造生产线中，进一步提高柔性制造的生产效率和自动化程度。

2 大数据技术基础

2.1 数据库

2.1.1 数据库的概念

数据库是一种特殊的文件结构及其相应软件程序，它按照一定的结构来组织、存储和管理数据。其数据结构独立于使用它的应用程序，以数据添加、数据删除、数据修改和数据查询为主要工作需求。数据库通常存储数值、文本等数据资源，以及音频、视频、图像等。不同的数据库其数据结构不同，对数据的存储和访问方式也不同。

数据库发展大致划分为人工管理阶段、文件系统阶段、数据库系统阶段、高级数据库阶段四个阶段。

（1）人工管理阶段。采用磁带、卡片和纸带作为存储介质，没有相应的操作系统，主要用于科学计算。

（2）文件系统阶段。采用操作系统中的文件作为存储方式，将数据按照一定格式存放在文件中，并制定相应的存取规则。其具备一定的逻辑结构和物理结构，但逻辑结构与物理结构脱离，程序与数据分离，且数据冗余量大，多个数据文件之间难以交互。

（3）数据库系统阶段。采用特定的数据结构来存储数据资源，数据文件被具有良好规范性和可操作性的数据库文件所代替，形成了以数据为中心、冗余少、便捷性高的数据管理机制，并通过特有的数据库管理系统软件来实现数据的增删改查操作。

（4）高级数据库阶段。随着数据库系统急剧膨胀，数据资源愈加丰富，出现了以事务处理和大批量数据分析为主要目标的高级数据管理系统，其支持了数据的分布式存储与管理，大大简化了数据的操作流程。

2.1.2 数据库的基本结构

数据库的基本结构可分为物理数据层、概念数据层、用户数据层三个层次，它们分别从三个不同视角来查看数据库。

（1）物理数据层。物理层是数据库的最内层，其存储原始数据，采用字符或者二进制值来存储数据资源，是实际在物理存储介质上的数据内容。

（2）概念数据层。概念层是数据库的中间层次，它采用逻辑表达方式来描述数据定义、数据规范、数据约束和数据表达，形成数据之间的逻辑关系，并不是物理上的数据内容，而是数据库管理概念层次的数据库。

（3）用户数据层。用户数据层针对用户的应用需求，采用记录或者视图方式呈现数据资源内容，并描述数据集合之间的关系，以及数据项的规范和约束，为用户提供直观和便于操纵的数据环境。

2.1.3 数据库的特点

结合数据库的概念和结构，可以将其特点概括为以下几个方面：

（1）共享性。数据可以通过数据库实现数据资源的共享，以接口方式对外提供数据访问支持，以便于多种类用户按照功能要求和访问权限来操作数据资源内容。

（2）规范性。数据库按照一定的数据规范对数据进行管理。增删改查操作均需要按照一定的操作规范进行，以保证数据的一致性，同时避免数据冗余。

（3）独立性。无论数据项之间是否存在联系，其均在满足范式后互相独立，从逻辑上和物理上互不相扰，但通常在数据操作时会按照数据约束进行一些同步性操作，确保数据一致性。

2.1.4 数据库在经管领域的应用

（1）应用于工业企业生产系统。工业企业数据库是链接企业采购进货、运营管理、销售发货、财务控制等各项活动，是实现信息上传下达的中介。在工业信息化的背景下，数据库系统已逐渐在管理活动中普及，因此管理人员越来越需要将数据库技能与企业实践中的特点相结合，以提高生产运营效率。数据库在企业生产系统中的应用可以被概括为五个方面：数据收集、数据存储、数据传输、数据加工、信息处理。总体来看，企业生产过程中高度标准化结构化的流程是数据库技术实施的前提，只有按照一定逻辑层次搭建企业总体数据结构后才能分门别类地将其归集在数据库中。企业建立的生产实时数据库，可以覆盖不同控制系统中各类自动化生产设备，将传感器采集的数据存储在内部服务器上并向各管理子系统发布，供企业决策者从中提取有价值的信息。但是，随着工业传感器技术的发展，由机器记录的数据量迅猛增长，传统的数据库已无法容纳巨大量级的数据，因此如何搭建适应大数据时代的工业数据库是向智能制造发展的重点研究领域。

（2）应用于互联网线上销售。数据库是电子商务的基石，用户在终端上提交的请求最终都要在数据库中通过增删改查的处理操作实现，而通过互联网向全国范围内即时销售商品对数据库的架构设计提出了重大挑战，因此高并发数据库是解决海量数据快速集中处理问题的必要途径。高并发（High Concurrency）是互联网分布式系统架构设计中必须考虑的因素之一，即通过设计保证系统能够同时并行处理众多请求。高并发数据库的设计必须同时满足一些限制，如系统数据库对用户请求的响应时间不能超过一定范围、数据库最大并发用户数需满足最低要求、数据库单位时间内处理的最大请求量等需超过一定阈值。数据库应用于互联网线上销售的成功典型是中国铁路客户服务中心在 2011 年开通的"12306 铁路客票发售及预订系统"，其包含查询、购买、余票统计、退票改签、对账、中转路径规划等主要功能。为了解决多人抢票和多段分售等难题，技术人员采用了减小数据粒度、数据维度解耦、请求合并分表、资源隔离、递归查询等技术，力求降低 CPU 和 IO 资源的占用率。12306 铁路售票系统多年来经过不断完善，如今可以承载每天高达 1495 亿次的点击量和 300 多万并发量。除了配备最高性能的硬件设施以外，数据库负载均衡技术还可以通过资源调配将每台设备的潜能发挥到极致。

2.2 数据仓库

2.2.1 数据仓库的概念

数据仓库是一个全方位、全过程为企业提供决策所需的各种数据资源内容的战略性集合，它以实现决策分析和决策支持为目的，为企业提供协调、调度、指派、决策、预测等功能的支持。数据仓库的主要功能是组织大量数据资源，通过特有的存储系统和处理系统，强化数据资源的组织、管理，并在决策支持系统的辅助下提供决策服务，帮助决策者迅速、有效地从大量的数据中分析出有价值的信息，以促进决策和快速应对外部环境的变化。从系统角度看，数据仓库是一个面向主题的、集成的、相对稳定的、反映历史变化的数据集合，用于支持管理决策。

2.2.2 数据仓库的特点

建立数据仓库的目标是满足数据挖掘和决策需要，而不仅仅是建立大型的数据库，其通常具备以下几个特点：

（1）面向主题。数据仓库的构建一般需要面向一定的主题，需要按照某种决策需求来建立，也就是说数据仓库应围绕用户在决策时所关心的某个核心来构建；

（2）数据集成。数据仓库中的数据资源大多来自分散的数据节点，其在数据仓库中进行整合，这一过程需要通过数据集成来实现，即通过数据提取、处理、融合后汇集成一个逻辑或者物理上的数据实体，然后进行分析操作。

（3）时效性高。数据仓库中的数据资源通常按照固定的时间间隔进行采集，周期性存放，有的数据单位甚至精确到时、分、秒，以确保有足够全面的信息参与数据分析，提高决策结果的质量。

（4）数据质量。数据仓库中的数据资源通常经过了数据清洗或数据预处理，确保了数据的一致性、完整性，构建了数据之间的关联关系，形成了索引，并通过数据融合提升了规范性和标准化程度。这种消除异常、缺失填补、避免冗余后的数据资源质量较高，保障了数据分析过程的可信度。

2.2.3 数据仓库在经管领域的应用

（1）应用于线下零售行业。零售行业在管理库存时往往面对大量 SKU（Stock

Keeping Unit）数据，为了实现精细化管理，数据仓库可以极大地减小数据颗粒度，将各类商品的特征完全记录并上传至管理系统，以适应快速增长的库存管理规模和跨度。例如，"互联网+医疗"概念的兴起为线下医药零售行业带来了更多机遇，但也为小规模零售药店带来了管理难题，采用数据仓库技术可推动药店管理逐渐向标准化规模化发展，不仅如此，整个零售行业的连锁率也将呈现上升的趋势。2001年创立的老百姓大药房坚持平价药房的战略定位，并向连锁化、多元化经营的商业模式发展。老百姓大药房开设的门店数量超过5000家，业务范围覆盖22个省份，经营30000多个SKU商品，每年服务超1.2亿人次。2016年，老百姓大药房将ERP、CRM、OA等系统中的数据统一归集到数据仓库中，减少了数据加工处理的环节，实现了从人工统计的周报、月报向每天自动更新的BI报表的飞跃，彻底解决了数据孤岛问题，提高了管理效率。

（2）应用于质量信息管理系统。由于产品质量信息种类多、异构性大、时间复杂度高，相比于传统数据库，数据仓库在质量信息数据综合管理方面具有很大的优势。基于数据仓库技术构建的质量信息管理系统，能够处理具有时间序列特征、稳定生成的主题数据集合，支持经营管理中的产品设计、生产等环节的决策过程。

作为质量信息管理系统的主要用户，企业决策者可以在数据仓库中查询各类汇总报表和项目流程图，通过线上门户可以掌握企业近期的业务质量状况，从而预测下一阶段的质量信息动态，为之后的企业决策奠定基础。而部门管理者则负责监督质量信息管理系统中各项报表图表的完成情况，在深入分析数据后可形成对质量问题的意见并向决策者汇报。对于系统操作人员来说，数据仓库拥有更丰富的数据来源和形式，他们将生产、销售、物流管理系统中定期抽取的数据核验正确后导入质量信息查询系统的数据池，实现数据的自动化处理，在操作人员的调试下生成相应的统计报表。

2.3 数据挖掘

2.3.1 数据挖掘的概念

数据挖掘是通过对数据进行分析而探索数据内隐含信息的方法体系，它能够借助统计、在线分析处理、信息检索、机器学习等一系列算法过程探寻出数据资源的内在知识。这种知识可以应用于生产控制、市场分析、管理决策、产品设计等。

数据挖掘一部分采用来自统计的抽样、估计和假设检验方法，另一部分大多采用搜索算法、建模技术等，并常常采用人工智能相关技术来探索数据资源信息。除此之外，数据挖掘吸纳了进化计算、信号处理、可视化等相关理论，在分布式技术、大数据、云计算的支持下进行数据分析和智能化处理。

2.3.2　数据挖掘技术

（1）机器学习类技术方法。

可视化技术。采用计算机图形学或图像处理技术，以可视方式将数据进行展示或者转化后加以呈现，从而便于从直观可视的图形图像中获取数据中隐藏的信息。

模糊理论。对于不确定性或者模棱两可的数据资源，以模糊数学为基础，借助相关数据处理方法和算法探索数据内在的规律性，直接分析和推理数据，发现隐藏的知识。

神经网络。模仿神经元的方式，通过一系列层次结构和神经元之间的连接，在采用数据集训练的基础上，确定网络的结构，并使用其作为数据处理的主要架构。

遗传算法。通过模拟生物进化过程中的自然选择过程，借助交叉、变异、选择等环节实现对系统的优化，提升系统的适应性。

（2）统计类技术方法。

分类。在已知多个类别的情况下，运用训练集数据探索进行分类的模型，根据事物的属性特征，将其分配到自身所属类别。常用的有贝叶斯分类方法、决策树分类方法、支持向量机方法、K-近邻方法等。其中贝叶斯分类方法是通过事物属于不同类的概率来进行分类；决策树分类方法是通过训练数据构建用于分类的决策树来分类未知数据；支持向量机方法是将数据转化为分类平面的探寻；K-近邻方法则是将数据按照在特征空间上距离最近的原则划分到已知分类中。

估计。估计与分类十分类似，不同的是分类输出结果为离散结果，而估计输出结果为连续值且数量不确定。例如，根据购买作业本的数量来估计学生的数量。

预测。预测通常借助分类或者估计来实现，它形成一个用于分类或估计的模型，通过数据集训练模型直至精度满足需求，其后则利用该模型来预测未知数据。

关联规则。从大量的数据中探寻频繁出现的项集，从而形成数据之间的关联关系。

聚类。在类别未知的情况下，根据数据之间的相近程度划分成多个类别，并将数据放置于对应的分类中。

2.3.3　数据挖掘在经管领域的应用

（1）应用于业务异常监控。随着数字化时代的到来，企业管理正逐渐实现自动化，各项业务流程经计算机处理后会产生大量数据，而数据挖掘技术解决的问题就是如何在海量繁杂的数据中挖掘并提炼出蕴含价值的信息。在数据技术发展早期，数据库一般只能实现录入、查询、统计分析等功能，异常信息往往受到各种限制而被隐藏在随机性强、模糊度高的数据池中。但是在大数据时代，监管者利用数据挖掘中的异常检测模型，在计算机的帮助下能够快速梳理企业业务，找出与历史情况或同行平均水平有较大差异的可疑点。如银行可以通过分析后台账户流水数据，评估企业或个人之间虚假交易风险的大小，为信贷审批人员核查借款者是否骗贷提供指导依据，而对于信用良好的客户可适度增加授信额，实现与客户的双赢。税务局也可以通过企业的收入支出记录，估算调查企业应缴的增值税和所得税，并根据同行业的税负水平判断调查对象是否在漏税预警范围内。

（2）应用于电商平台客户管理。随着网上购物的普及，电商平台收集了几乎全部线上消费者的相关数据。为了充分发挥数据的商业价值，预测消费者偏好的发展趋势，研究人员可以利用计算机充足的算力去构建数据挖掘模型。一方面，电商平台可以通过关联分析模型在客户群交易数据中找出隐藏的关联规则，进而挖掘出某一特定消费群体的消费习惯。另一方面，电商平台可以将分析结果收集汇总，为供应链上游的产品设计提供反馈，或者为广告公司提供成功营销策划的数据支持，获取主营业务外的超额利润。除此之外，电商平台还可以使用协同过滤模型，按照客户的年龄、地域、收入水平等特征将客户进行用户画像，并与购买商品的历史记录对应，发现客户的潜在需求，在客户产生购买商品的需求前将商品广告精准推送到社交媒体中的广告位，为新产品定向导入流量，将客户和商家更紧密地联系在电商平台上，不断增强产品上下游对平台的依赖度，而对于分期付款购买大额商品的客户，电商平台可以通过聚类分析模型将客户偿还能力评级分类，借此扩展金融业务。

2.4 大数据

近年来，大数据已经成为人们最热门的话题之一，无论是政府、国有企业、民营企业还是普通百姓，都在密切关注大数据，了解大数据的基础知识，包括什么是大数据、大数据从何而来、大数据的作用是什么，等等。事实上，随着计算机技术的发展，相关应用设备产生的数据量呈现出爆炸式增长的趋势。全球平均每秒有 200 万用户在使用谷歌搜索，Facebook 有超过 10 亿的注册用户，每天产生超过 300TB 的日志数据。与此同时，社交平台、网络环境以及传感器网络的发展更是引发了数据规模的急剧增长，在能源、交通、医疗、金融、零售等领域产生了海量的数据资源，成为了信息社会的宝贵财富。

2.4.1 大数据的概念

大数据本身是一个抽象的概念。谈到大数据，大多数人只能从数据的数量来感知大数据的规模。但什么是大数据呢？在维基百科中，大数据是指数量庞大、结构复杂、类型繁多的数据所构成的智力资源和知识服务能力的整合、共享与交叉复用。简单地说，它是指在一定时间内传统软件工具无法捕捉、管理和处理的数据集合。大数据是人类在拥有计算机和现代互联网通信技术的条件下产生的新事物、新概念。大数据的大小通常以 TB 或 PB 为单位。目前，数据存储单元由小到大的顺序为：KB → MB → GB → TB → PB → EB → ZB → YB（千字节→兆字节→吉字节→太字节→拍字节→艾字节→泽字节→尧字节），每增加一个数量级，存储容量增加 1024 倍。

总之，大数据超出了一般系统的处理能力和存储能力，其数据规模大、及时性高。为了获取隐含在大数据中的价值，需要采用新的方法策略。对于企业而言，大数据的价值隐含在分析利用和二次开发两个方面。分析大数据可以揭示隐藏的信息。

2.4.2 大数据的数据来源

大型数据集通常来自传感器、互联网、公共信息，还有购买交易记录、Web 日志、医疗记录、军事监控、视频和图像档案等，但归结其主要来源，可以分为三个方面：

（1）传感器。传感器是能够感知指定被测项目并按照一定规则将其转换为可用信号的装置。传感器可以测量包括温度、湿度、压力、速度、位置等在内的多种数据量。任何能够感知物理量或者信息内容的设备都可以看作传感器，如视频监控、可穿戴设备等。最典型的传感器射频识别标签（RFID）更是小巧轻便。

（2）互联网。第 47 次《中国互联网络发展状况统计报告》显示，截至 2020 年 12 月，我国网民规模达 9.89 亿，较 2020 年 3 月增长了 8540 万；互联网普及率达 70.4%，较 2020 年 3 月提升了 5.9 个百分点。互联网上的交流沟通、购物、信息发布等留下了大量的数据信息。谷歌每天处理数据量约 24 PB，百度每天新增数据量约 10 TB，淘宝每天有超过 1000 万的订单，阿里巴巴已经积累了超过 100 PB 的数据。这些都是大数据的主要来源。

（3）其他数据。其他数据主要是指来自各级政府部门、企事业单位和科研机构的数据，如人口普查、户籍登记、社会保障、医疗保险等。

2.4.3 大数据的特点

结合大数据的概念，可以看出大数据不仅表现为大量数据，其还具有复杂的结构，且随着时间变化更新快，归结其特点则主要有：

（1）海量性。数据量多，超出一般系统的处理能力是大数据的一大特点。大数据的计量单位往往是 P、E 甚至 Z 级别，单个数据集规模就可能达到 T 级别，这对于单个一般性企业来说通常难以开展分析工作。

（2）多样性。大数据还具有多样性，一方面，数据格式复杂、类型众多，并且媒介形式也丰富多样，包括文本、图像、音频、视频等信息资源；另一方面，数据来源呈现出多样化特征，有的来自手机信息、互联网博客，有的来自视频监控、通话记录，有的来自室外监测、传感器等。

（3）高速性。大数据与传统数据资源的一个重要区别是数据的及时性强、更新速度快，数据信息内容随时间变化的可能性极大，这对数据存储和数据处理都带来了更严格的要求。

2.4.4 大数据在经管领域的应用

（1）应用于数字农业。大数据技术能够应用在农业生产过程中对农作物长势和土壤墒情进行实时监测，对农业生产中的现象以及过程进行仿真分析，以达到合理利用农业资源、降低生产成本、改善生态环境、提高农作物产品质量的目的。在数字化与农业产业结合过程中，科技公司将传统农业设备经过数字化改造后，改变了传统的农业服务方式，实现了现代农业生产方式。早期做出的一些探索有：在机械设备上安装GIS（地理信息系统）、GPS（空间定位系统）等数字技术导航装置，在大规模的耕地中实现定位操作；利用遥感技术记录作物长势和病虫害，以便及时监管当季单位面积产量，制订农牧产品的生产计划；将传感器安装在作业设备上收集数据，帮助农业专家将过去总结的丰富生产经验转化为可量化分析的数学模型，预测作物产量甚至未来价格。政府可以在大数据分析的帮助下指导当地的农牧产业发展，引导村民选择作物品种、科学规划轮作期，避免单一品种作物相对过剩导致资源浪费。数字农业不仅利用大数据技术，而且正逐渐融合互联网、云计算、物联网、人工智能等前沿信息技术，共同提升农业系统，进而实现农业生产全过程的信息感知、定量决策、智能控制、精准投入和个性化服务等全新农业生产方式。

（2）应用于市场监管。未来大数据市场监管平台是监管市场经济领域的有效手段，市场监管系统通过大数据抓取、人工智能分析等手段，识别虚假宣传、恶意定价、结盟垄断、知识产权侵权等不正当竞争行为，监管系统可对黑名单上的违法企业长期监管，保护创新企业、诚实企业在市场上公平参与竞争，保护消费者利益不受侵犯，引导市场经济健康有序发展。地方政府还可以通过逐步完善证照审批、投诉举报、执法办案等子系统，实施政府监管与电商平台的合作，为商户颁发电子经营许可证，由政府授权电商平台实现线上审核、注销。此外，工商、税务、城管等多部门也可以通过数据共享实现协同监管，整理出监测问题行为清单，并为违法违规行为统一制定惩罚标准，形成监管闭环，提高监管效率。

（3）应用于公共服务平台。在宏观经济的意义上，大数据技术结合市场作为配置资源的主要手段，实现了社会资源的优化配置。这主要体现在，政府通过许可商业公司为城市居民提供公共服务，既可以提高公共服务总供给，改善社会福利水平，又可以通过商业公司掌握城市交通、医疗等方面的总体数据，提高社会治理效率。例如，滴滴出行等一系列互联网平台，在乘客发出订单后通过平台上自动搜寻附近的司机，撮合出租车司机和乘客之间的交易抽取佣金，改变了以往出租车凭经验争抢高价值乘客的市场格局。此外，公共服务平台将传感器装在专车上，可以实时上传速度和位置信息至大数据分析平台，经过噪声处理后形成了覆盖城市路网系统的实时路况信息，将集中收集数据信息模式转变为分布式数据上传的模式，为交通管理部门设置信号灯提供了决策依据。

3 云计算技术基础

3.1 分布式计算

3.1.1 分布式计算的概念

分布式计算是一种利用网络将多个计算力资源统筹管理以解决复杂问题的计算方法。随着计算技术的发展，针对诸多应用，若采用集中式计算，需耗费相当长的时间成本才能完成。分布式计算则将该类应用分解成许多小的可计算单元，并分配给多台计算机进行处理。这样可节约整体计算时间，大大提高运算效率。分布式计算主要有两点优势特征：

（1）依托分布式计算，以多台计算机设备为基础，能够实现平衡计算负载。

（2）通过选择匹配，达到对应程序在计算机上合理、最优运行的目的。

同时，分布式计算具有许多关键能力，如共享稀有资源和平衡负载。如果某一项工作以分布式为特征，在工作过程中涉及计算机的数量在一台以上，并构成网络结构，那么可以采用分布式计算形成一种高效率的数据处理方式。

3.1.2 分布式计算的工作原理

分布式计算通过汇集网络上的空闲的计算力资源，从而解决所需巨大计算力的问题。分布式计算作为一种计算科学，其形成的原因和工作原理是：

（1）由于超级计算机高昂的制造与维修费用，一般的科研组织通过使用超级计算机解决所需算力巨大的科研课题是不切实际的。伴随着科学技术的日益进步，如何充分利用计算能力的问题逐渐显露，当使用者在使用计算机时，中央处理器并不能完全发挥自身潜力，更多的时间都是处于等待输入的闲置状态。然而，互联网能够连接来自不同地域的闲置计算资源。分布式计算正是凭借其效率高、制造与维修费用低的优势，逐渐成为解决所需大量计算力问题的主要方法。

（2）对于整体复杂但能够拆分为数量繁多、算力小的片段问题，可以在服务端把计算问题拆分为大量子模块并由互联网内的计算机分配处理，然后综合各部分得出最终的计算结果。随着被分配参与计算的计算机数量不断增多，采用分布式来提高计算能力的可行性与实用性程度大幅上升。近年来，分布式大型项目计算速度甚至超过了世界上速度最快的巨型计算机的速度。

（3）分布式计算模型将一个任务分解为多个子任务，通过远程过程调用来执行，并将执行结果汇集为最终结果。

图 3-1 给出了一个基于分布式计算应用的 C/S 模式图例，每个服务程序执行的是一个远程过程调用，并且客户机和服务器之间的交互与一个过程调用或一个被封装对象的嵌入相一致。调用一个远程过程时，客户机发送请求到服务器，服务器在执行相应运算之后返回结果到客户机。

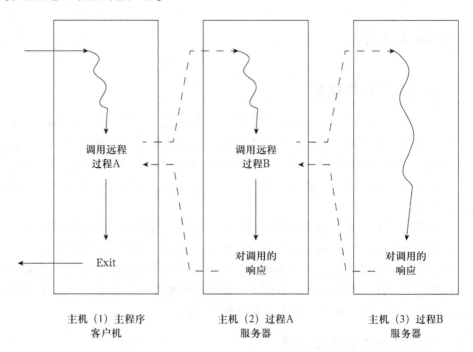

图 3-1　基于分布式计算应用的 C/S 模式

3.1.3　分布式计算在经管领域的应用

（1）应用于经济领域。电商网站初始的系统架构比较简单，但是在其逐渐发展扩大的过程中系统架构就需要具备高性能、高可用等特性。与此同时，用户量的增加不仅带来业务量的增加，也带来了业务功能的扩展，这个过程中通常设计思想、开发模式、系统架构、应用技术也会发生颠覆性变化。因此不同电商网站的系统有不同的核心业务：淘宝要解决海量的商品信息检索、下单、支付业务；腾讯要实现数亿用户的实时信息传输；百度要处理海量检索信息。

这些系统都有各自的业务特性，系统架构也不尽相同。在起初的系统架构中，一台服务器需要充当应用程序、数据库、文件服务的主机。但是业务的拓展和业务量的激增，使一台服务器的算力难以满足高响应速度等的需求，进而出现了多服务主机的服务器模式，应用程序、数据库、文件独占一台服务器，以达到最佳的性能效果。

1）分布式应用服务器。用户通过访问网站向应用服务器发出访问请求，网站通过集群式的应用服务器分担访问请求，根据分发策略将请求分发到多个应用服务器节点，由不同的服务器节点完成请求的处理。

2）分布式文件服务器。用户在网站上的特定操作会触发数据库的数据变更操作。随着业务拓展以及用户量的增多，数据库成为最大的瓶颈，通过将数据库进行读写分离，海量的数据库操作可以通过分拆再交由分布式文件服务器处理。

3）分布式业务服务器。随着网站的不断发展，应用程序服务器的计算力将跟不上业务拓展的速度。庞大的业务量和用户数将会冲击应用程序服务器的上限。这时采用分布式业务服务器将是一个优质的解决方案。百度搜索引擎可以将新闻、图片、网页、文档等业务进行分拆，这些业务通过各自的服务器进行业务处理，每个业务服务器独自运行，通过消息进行通信完成业务间的交互。

（2）应用于管理领域。供应链管理是贯穿供应链采购到满足最终客户的所有环节，以及针对这些环节进行运作效率优化、生产成本最小化的管理协调过程。供应链管理可以通过协调企业内外资源进而满足最终用户的需求，其将供应链上的所有企业视为一个"大企业"，该"大企业"面临着部门实时变动的风险，还需要对部门进行管控。供应链管理需要分布式系统实时更新各企业的生产信息、上游供应商的仓储信息、下游用户的需求信息，并将所有供应链上各环节的企业通过分布式系统联系起来，避免用户的需求信息通过多级经销商传递导致的信息逐级放大、需求信息波动变大。此处，分布式系统不仅需要支撑各企业的生产运作，还要完成各企业系统间的信息交流，最终达到各企业可以在供应链分布式系统的辅助下快速、高效地协调生产。

3.2　网格计算

网格计算是一种跨地域的资源集成。在资源的集成方面，网格计算的实质是有效、优化地利用、组织各种异构耦合资源；在管理资源方面，网格计算则采用独立管理的方式，并不采用统一布置、统一安排的形态。网格计算可以聚合分布式资源，支持虚拟组织并提供高级服务，避免使用超级计算机系统所带来的高成本问题以及使用超级计算机而不具有的互通性问题。目前，网格计算还缺乏像云计算那样一体化的商业模式，常被用于科研实验室中。事实上，网格计算是用于解决单一高性能计算机目前无法完全解决的一些超大规模的应用问题。人们曾设想利用在全球分布的计算力，通过相互之间的连接，构成一个超级计算机网格。

3.2.1　网格计算的概念

网格计算项目 Globus 的主持人之一 Lan Foster 认为，网格是将高速互联网、高性能计算机、大型数据库、传感器、远程设备等融为一体，为用户提供更多的资源、功能和交互性的体系架构。

而 Larry Smarr 认为，网格计算系统是一种无缝的、集成的计算和协作环境，并可分为计算网格和存储网格两类。计算网格可以提供虚拟的、无限制的计算和分布数据资源，而存储网格则提供一个协作的环境。

网格计算可以看作地理上分散的异构计算资源的虚拟整体。使用计算网格可以整合人类散布在全球各地的计算能力，形成超级计算力，以便解决计算力匮乏的问题，并分享异构资源广域网络，重复利用各种资源。网格计算具有以下特点：

（1）异构性。网格一般涵盖多种异构资源，包括跨越地理分布的多种资源。网格计算系统包含多种类型的超级计算机，不同的超级计算机也可能具有不同的结构。

（2）可扩展性。原始的网格计算系统初始规模较小，但随着超级计算机系统的不断增加，系统的规模不断扩大。一个网格可以从少量的资源扩展到拥有数千个资源的大型网格。但可能出现的一个问题是，随着网格资源的增加，会伴随着性能问题和网格延迟。

（3）可适应性。网格中资源失效的概率非常高，因此网格的资源管理必须能够调用网格中可用的资源和服务，以获取最大的性能。

（4）不可预知性。网格计算是一种计算资源共享行为，系统行为和性能时常出现改变，故而具有结构动态不可预知性和系统行为的不可预知性。

3.2.2 网格计算的关键技术

构建网格的主要关注点是建立网格体系结构，其主要讨论网格的构成和基础功能。当前，主要的网格体系结构有面向协议的体系结构和面向服务的体系结构。

（1）面向协议的体系结构。面向协议的网格重点从五个层面刻画网格的内部构成，如图3-2所示，其将计算网格由下到上分为构造层、连接层、资源层、汇聚层和应用层，每一个层次都有自己的服务、API（应用程序编程接口）和SDK（软件开发工具包），上层协议的实现需调用下层提供的功能。

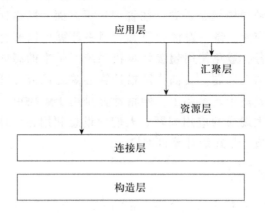

图3-2 面向协议的网格层次结构

构造层：这一层主要是可以在网格中共享的资源，包括计算设备、存储设备、网络、传感器和其他设备，它的功能是采用物理实体或者逻辑实体的方式供给上述可以分享的资源。

连接层：这一层是处理通信与授权控制的核心协议层，其能够控制底层各种资源之间进行的数据传输。除此之外，连接层还负责资源之间相互授权验证和安全控制。

资源层：这一层能够控制单一的资源和可用资源的安全连接、初始化资源、检测资源的运作状态、统计相关的资源使用情况。信息协议和管理协议是资源层协议的重要组成部分。它们的功能是得到资源结构和状态信息，除此之外还能够进行协商访问和资源分享。

汇聚层：这一层的功能是将提交的受控资源进行聚集，支持上层应用程序的共享和调用。为了管控共享行为，汇聚层还提供资源调用、资源代理、资源监测诊断等功能。

应用层：这一层是网格的最高层，包含了用户代码和网格调用。应用程序借助底层的 API 来调用对应级别的应用服务。

（2）面向服务的体系结构。面向服务的体系结构又称开放网格体系结构（Open Grid Service Architecture，OGSA），它是当前最被认同的网格体系结构标准，是一种从网格用户的角度强调网格系统结构的信息规范。OGSA 是使用 Web 服务作为底层技术来实现服务的一组分布式计算模式，主要刻画了网格外部功能特征，如图 3-3 所示。

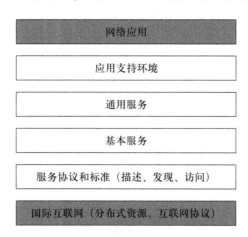

图 3-3　面向服务的网格层次结构

OGSA 将网络服务技术和网络通信技术结合在了一起，在此基础上仍然采用 Globus 五层结构。在网格服务时，首先创建两个服务，包括注册服务和句柄映射服务，如图 3-4 所示，继而将组织中的每一类资源包装为服务，再将上述服务发布到注册中心，注册中心可以提供服务的查询。客户若要获取内部服务工厂和服务实例的信息，则需要通过注册中心进行访问。随后，客户指定服务工厂创建实例，然后客户再将数据传送给已经创建的实例，客户再对服务实例进行访问，最终得到这个服务所提供的功能。

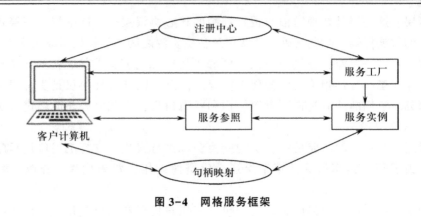

图 3-4   网格服务框架

3.2.3   网格计算在经管领域的应用

上文介绍了网格计算的概念和体系结构，这些系统给网格的具体应用提供了基础环境，如数十项全球性的大项目就采用了 Globus Toolkit 作为网格计算中间件来解决科学计算中的海量计算问题。尽管网格计算的起源是来自科学研究的需要，且网格技术主要由学术机构所控制，但值得关注的是人们已认识到网格计算在商业应用中广泛的前景，众多企业参与到了网格的商用过程。下面举实例来说明网格计算在金融领域的应用。

中本聪在 2008 年提出的比特币（Bitcoin）概念成为了区块链的基石，比特币在 2009 年初正式诞生。比特币作为一种加密数字货币，具备去中心化的特点，但随之而来的是交易权威性问题。以往实体货币由国家货币机构统一发行，线下小额交易信息伴随着实体货币流动，线下大额交易和线上交易信息统一通过货币机构中心化信息系统处理，这就保证了交易信息的可靠性。但是比特币使用 P2P 网络中的大量节点构成的分布式数据库确认并记录交易行为，该过程的核心是基于密码学设计的数学问题。比特币网络上的节点计算机通过解决复杂的数学问题来获取比特币，这一过程被称为"挖矿"，并且这个复杂数学问题的答案会广播发送到每一个节点计算机上作为验证信息，借此保证比特币网络分布式记账系统的一致性。比特币网络会自适应地改变数学问题，确保整个网络求解出一个正确答案的时间间隔在 10 分钟左右。求解出答案的节点计算机用户将会获得比特币网络生成的若干个比特币作为奖励。但是比特币网络的运算水平呈指数级上涨，单个计算机和小规模集群计算机系统的算力很难求解出数学问题的正确答案。因此，产生一种"矿池"的形式，即节点计算机用户通过共享自己的计算力，并接入网格计算系统进行挖矿。矿池是一个全自动的开采平台，即矿机接入矿池、提供算力、获得收益。这种兼容异构耦合资源的计算模式是网格计算的一种形式。通过网格计算，矿池可以整合大量的计算机达到更高的计算能力，从而有利于挖矿过程中更快地计算获取合格答案。

3.3　高性能计算

高性能计算（High Performance Computing，HPC）通常指使用多个处理器或者某一集群中组织的几台计算机的计算系统和环境。高性能计算机和通用计算机的区别在于，高性能计算机主要尝试解决科学研究过程中计算力不足的问题。

3.3.1　高性能计算的概念

通过组织使用多个处理器或多台计算机建立信息计算系统，这是高性能计算的本质特征。HPC 系统的种类丰富，图 3-5 显示了标准总线拓扑中使用 Ethernet 的 HPC 解决方案或专门的网络连接解决方案的布局示例。

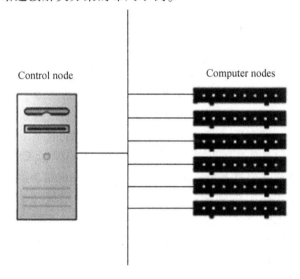

图 3-5　HPC 总线网络拓扑

图 3-6 展示了一个网状 HPC 系统。网状网络拓扑支持通过缩短网络节点之间的物理和逻辑距离来加快跨主机的通信。

典型 HPC 环境中的任务执行采用单指令/多数据（SIMD）模型或多指令/多数据（MIMD）模型。SIMD 是在多个不同处理器上同时执行相同计算任务，而 MIMD 则在同一时间使用不同变量执行不同的计算任务。

3.3.2　高性能计算在经管领域的应用

随着科学技术与社会经济的不断发展，高性能计算被更多的领域所重视，比如全球范围的原子能、航空、气象、石油、天文、地震等领域，特别是全球气候变化和天气预报、生物分子结构探索、湍流研究等都迫切需要高性能计算。下面举实例来说明高性能计算在金融领域和管理领域中的应用前景。

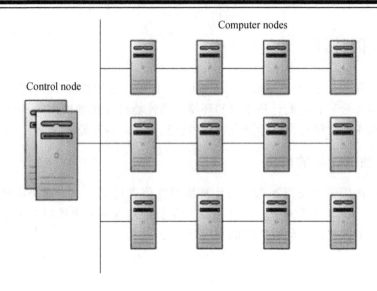

图 3-6   HPC 网状网络拓扑

（1）应用于金融领域。随着信息技术广泛应用于各行各业，金融机构也在互联网技术的加持下快速发展，其业务量和用户数暴增，传统的信息系统难以应对指数级的业务数和用户数增长。扩容原有信息系统将会耗资巨大，但是不扩容将会导致公司的数据处理速度缓慢、信息传送不及时、数据流失等诸多问题。天弘基金在 2013 年就遇到了这样的问题，通常其信息系统实时最大用户容量是 1000 万用户。但是随着用户量的飞速增加以及"双十一"的到来，业务量激增，当时每天的业务清算需要耗费 8 小时，员工通宵工作都无法下班。权衡利弊之后，公司决定通过云计算的模式扩容现有服务器达到高性能计算的效果。云计算实现高性能计算最大的好处是不用购买服务器，初期的投入成本大幅降低，后续如空调、电力和人力等运维成本也可以免去，且实现了弹性计算，可在"双十一"前灵活扩容，避免平日业务量不多时系统的冗余。

（2）应用于管理领域。企业可以借助高性能计算能力，运用线性规划（Linear Programming，LP）研究在一定的资源条件限制下，怎样组织安排生产获得最好的经济效益，使用分支定界法求解内含若干条约束条件的最优化问题。

企业的核心环节之一就是生产环节，生产环节的优化是企业管理的重要工作。一个生产任务要根据其生产的产品制定资源最优使用、设备最优利用的生产计划，该计划要做到使用最少的资金、设备、原料、人工、时间等资源完成生产任务。但是，该规划过程面临着庞大的计算量，这意味着生产计划通过普通的计算方式将会耗费漫长的计算时间。企业可以借助高性能计算能力，运用线性规划方法研究具备良好经济效益的生产计划，通过计算所有可行生产计划方案找寻最优生产计划方案。另外，由于具体生产计划问题的可行解空间是一个多变量构成的多维可行解空间，因此根据可行解迭代的变化量粒度不同，线性规划问题的计算量往往呈指数级激增，企业需要搭建高性能计算系统来辅助企业将战略细化为生产计划、运输计划等。

3.4 并行计算

一般来说，人们在无意识或者有意识状态下都会将并行性运用在生活中，只不过串行性对人们思维习惯的影响比较大。同时，并行计算在早期由于自身造价费用高昂、软件编写程序复杂而未得到广泛应用。但21世纪以来，工程技术与科学界已把并行化技术列为重点研究对象，一些国家也将并行技术作为重大科学技术研究方向。

3.4.1 并行计算的概念

并行计算是一种可执行多个指令、提高计算速度的算法，其组成结构包括并行计算机、并行算法、并行程序设计、并行应用。运用并行计算解决应用问题主要有以下步骤：

（1）实际应用问题转变为定性或定量的计算问题。

（2）依据计算问题，设计并行算法、运用编程语言。

（3）运行并行计算机的应用软件，分析并得出问题处理结果。

一般而言，通过运用软件的读取与录入，从而有序地实施相应的指令并解决问题，这也是串行计算的本质过程。并行计算则是依据串行计算的进一步推演来获得，其模拟多种同时发生并互相关联事件的进程状态。通过运用并行计算来解决的计算问题主要有以下特点：

（1）实行计算问题的模块化处理，推动并行解决进程。

（2）运行相关指令的每个部件在同一时间执行多个程序指令。

（3）多种计算资源要比单个计算资源的问题解决用时要少。

3.4.2 并行计算体系的结构

空间问题是并行计算主要研究内容。如果从程序开发与算法设计的角度出发，并行计算又可分为数据并行和任务并行。数据并行相比任务并行的处理难度较低，其主要是把整体任务拆分为同种类的子任务。

空间上的并行分为单指令流多数据流（SIMD）和多指令流多数据流（MIMD）。MIMD类又可分为并行向量处理机（PVP）、对称多处理机（SMP）、大规模并行处理机（MPP）、工作站机群（COW）、分布式共享存储处理机（DSM）。而并行计算也具有五种访存模型：均匀访存模型（UMA）、非均匀访存模型（NUMA）、全高速缓存访存模型（COMA）、一致性高速缓存非均匀存储访问模型（CC-NUMA）、非远程存储访问模型（NORMA）。

3.4.3 并行计算在经管领域的应用

经过多年发展和应用，并行计算如今已经与我们的日常生活息息相关，包括气象预报、工业仿真、基因分析、能源勘探、药物研发、材料研发、深度学习等多个领域都是并行计算的用武之地。互联网与计算机技术的飞速发展，使得并行计算的应用领域发生了改变，由高端的科学计算扩展到低端的个体桌面应用，为普通用户接触并发和并行操作增添了可能性。下面举实例来说明高性能计算在管理领域和经济领域中的应用前景。

（1）应用于管理领域。在抗击新冠肺炎疫情的过程中，并行计算也发挥了重要作用，如为科研机构在病毒溯源、基因测序、药物研发等方面提供了科技支撑，同时在疫情排查、精准施策、复工复产等领域也提供了有力支持。在后疫情时代，并行计算将继续深化对生物医药、疫苗研发等领域的科研支撑，同时还可以广泛应用于智慧城市、应急管理、公共卫生等领域，支持行政机构的数字化创新。

新冠肺炎疫情在全球范围内的暴发不仅是对各国的物资供应能力的考验，还考验着各国的信息科技。和 2003 年的 SARS 相比，以大数据为基础、以并行计算为核心的一系列信息科技在本次抗击疫情中发挥着巨大作用。疫情大数据平台借助扫描二维码获得对应的人员行程信息，达到发现确诊病例后快速追溯其行程信息、高效确定不同接触程度的接触人员、对确诊病例接触人群的快速排查等一系列疫情应急管理。

（2）应用于经济领域。当前，ATM（Automatic Teller Machine，自动取款机）遍布银行、商场、社区、写字楼，在一定程度上缓解了排队的烦恼，更重要的是，它可以24 小时工作，满足了人们存取现金、转账缴费、查询维护等需求。银行的自动取款机系统，是一个由自动取款机、中央计算机、分行计算机等组件组成的网络系统。每时每刻若干个自动取款机上发生的事务请求信息都会先发往分行计算机，分行计算机会将事务请求信息汇集转发给中央计算机，中央计算机是一个集群计算机系统，不仅可以在每台主机上做到时间片并行计算和多线程并行计算，还可以实现多台计算机并行计算。

3.5　云计算

为了解决计算力以及与之相应的服务力问题，2006 年 Google、Amazon 等公司提出了云计算的构想。其中，Amazon 等公司的云计算平台提供可快速部署的虚拟服务器，根据基础设施的具体需求量进行合理供给。Google 公司的 App Engine 云计算开发平台则为应用服务提供商开发和部署云计算服务提供了接口。近年来，更多的学者在相关国际会议上还发表了云计算的大量研究成果。

3.5.1　云计算的概念

在云计算出现之前，普通用户基本上都是通过使用传统计算机来获取计算资源，但由于本地计算机的计算能力有限，无法完全满足普通用户正常使用需求。在云计算出现之后，在网络状态下可以实现计算任务、资源需求的快速传送与反馈，普通用户也可以通过云计算来获得每秒 10 万亿次的计算能力和丰富的资源。目前，对于云计算的概念定义，相关学者有不同的理解与表述，归结起来则可以表述为：云计算是一种并行的、分布式的系统，由虚拟化的计算资源构成资源池，该资源池可以根据负载动态重新配置，并能够根据服务提供者和用户事先商定好的服务等级协议动态地提供服务，从而在短时间内迅速按需提供资源，避免资源过度和过低使用。在这一系列技术的支持下，云计算呈现出了多样化的服务模式，主要有软件即服务（SaaS）、平台即服务（PaaS）、基础设施即服务（IaaS）和数据即服务（DaaS）。

（1）软件即服务。在互联网环境下，SaaS 供应商根据用户需求制作一般性应用软件，该软件架设在供应商云计算平台，并为用户提供应用软件订购服务，而 SaaS 供应商则根据用户所定应用软件的数量、时间等因素来收取费用，并通过浏览器提供相应应用软件服务。此处，用户一般为企业用户，而应用服务也主要是面向企业生产经营管理的业务系统。

（2）平台即服务。PaaS 是在云计算环境构建的一个可以共享的开发平台，其将开发平台环境作为网络服务向用户提供。在 PaaS 中，供应商将高品质的开发环境、软硬件资源整合在一起，对外提供服务，用户则需要在平台上定制和开发自己的网络应用，并通过互联网将服务发送给最终用户。

（3）基础设施即服务。IaaS 是在云计算环境构建的可以共享和可定制的基础设施，其将基础设施作为应用服务提供给有相应需求的用户。这些基础设施资源可以为内存、I/O、存储能力和计算能力等所构成的虚拟资源库，其通过资源虚拟化技术对外提供服务。

（4）数据即服务。随着数据在整个企业 IT 系统的扩散与传播，企业对其的管理难度也进一步上升，这是每一位 CIO 都要面对的难题，也正因如此，推动了数据即服务技术的发展，以期通过资源的集中化管理提升 IT 效率和系统性能。

3.5.2 云计算的特点

根据云计算的概念及服务方式，可归纳出云计算具有以下特点：

（1）服务资源池化。凭借资源虚拟化技术，对计算机储存、内存、计算、网络等资源进行虚拟化处理，并分析用户的具体动态需求，实现精准供需。

（2）超大规模。"云"在规模上具有数量多、范围广的特点。例如在搜索引擎的相关厂商中，日前 Google 云计算的服务器最多，高达 100 多万台。

（3）虚拟化。用户能够随时随地使用虚拟化的设备来满足自身所需的应用服务。所谓给用户传送资源的"云"，并不以实体存在。用户无需考虑应用在"云"中运行的详细位置，只要拥有移动设备，就可以满足自身的业务需要。

（4）高可靠性。云计算通过采取数据多副本容错、计算节点同构可互换等措施，从而拥有比本地计算机更高的可靠性。

（5）高可扩展性。随着用户及应用规模的变动，云计算的规模也会做出相应的调整。

（6）按需服务。在"云"这个资源池中，用户在购买方式上可以按需求量进行付费。

（7）用户使用成本廉价。由于"云"的特殊容错措施，云计算可以由特别便宜的节点构建，通过运用自动化集中式管理，相关企业在数据中心管理上的成本大大降低，资源利用率也随通用性大大上升，从而为用户提供了低成本便利。

（8）潜在的危险性。目前提供商业信用的私人机构主导着云计算服务，如果私人机构负责的云计算服务被商业用户广泛使用，即使用户之间无法获取彼此的重要信息，但私人机构掌握着所有的用户信息，其在数据的安全性上可能会产生重大威胁，这是一个不得不考虑的潜在危险。

3.5.3　云计算在经管领域的应用

（1）应用于公共交通。随着以云计算服务为基础平台的人脸识别逐渐广泛的应用，公共交通行业也逐渐试点及落地一些刷脸项目。应用人脸识别，不仅可以提升用户使用体验，也可实现更加精细化管理，解决丢卡、串票、二次核验困难等情况发生。地铁的刷脸支付过闸、高铁的刷身份证辅助人脸识别验票进站等已将公共交通排队服务的时间大幅度缩减。

（2）应用于金融企业。金融云服务是面向金融企业（保险、基金、银行、互联网金融等）开放的企业级解决方案。例如百度结合金融行业的特点，为用户解决行业安全合规性的要求，并开放百度多年互联网运营积累的高并发处理、海量数据存储和大数据挖掘能力，其具备高安全性、高可靠性、高扩展性的特点，所提供的云服务可以完美匹配随着业务增长改变的需求，帮助传统金融客户向云计算转型，满足金融企业的计算需求，实现数据服务云端化，打造灵活多变的信息系统。

4　信息安全技术基础

4.1　计算机安全

4.1.1　计算机安全简介

计算机安全包含三方面的内容：保密性、完整性和可存取性。从总体来说，计算机安全的核心工作是尽可能防止危害事件的发生，如防火设施漏洞、自然灾害、计算机内存保护的硬件页表失效、磁盘问题等，特别是那些存在不安全因素的黑客和存在纸漏的管理者等。从软件方面来看，计算机安全包括操作系统安全、数据库安全和网络安全。计算机安全中一个重要的方面便是存储数据的安全，其面临的主要威胁包括计算机病毒、非法访问、计算机电磁辐射、硬件损坏等。

（1）计算机病毒。计算机病毒是隐藏在计算机软件中的程序，由于其难以被发现而导致难以被捕捉到，它与其他工作程序类似，不同的是会破坏正常的程序，使数据文件遭到破坏。恶意病毒可能会导致计算机系统崩溃并且破坏其中的数据。防病毒攻击的主要方法就是加强管理，避免不安全的数据访问，并且经常更新杀毒软件进行杀毒。

（2）非法访问。非法访问是伪装成合法身份的黑客进入计算机系统，获取计算机中的信息并且转让、修改等。防止非法访问的办法有三个：一是增加设定软件系统安全的有关机制，让黑客不能以合法的身份进入系统内部；二是对数据进行加密，即便黑客侵入系统，也因为没有密钥，而无法读懂数据；三是在计算机内部设操作日志，自动记录重要数据的读写和修订。

（3）计算机电磁辐射。由于计算机本身由一系统电子器件构成，根据电磁效应，每个器件都是向空间辐射的脉冲源。通常一台计算机的辐射频率在几十千周到上百兆周，相当于一个小型电台，数据窃取者可以探测辐射波来获取计算机中的数据。

（4）硬件损坏。计算机中硬件损坏导致储存数据无法读取十分常见，有几种方法可以防止此类事故的发生。首先是定期复制和存储有用的数据；其次是使用 RAID 技术，同时将数据储存在多个硬盘中；最后是在安全要求比较高的特殊场合使用双主机，当一台有问题时，第二台照常工作。

常用的计算机安全保护方法有安装杀毒软件、安装个人防火墙、分类设置密码、防范流氓软件等。

（1）安装杀毒软件。针对普通用户，需要为其计算机安装杀毒软件，并且按时更新杀毒软件的版本，同时打开杀毒软件的实时监控程序。

（2）安装个人防火墙。安装防火墙可以防止黑客攻击计算机，同时防止他们更改、复制和销毁重要信息。

（3）设置安全密码。不同平台应使用不同的密码，避免因为一个密码泄露而导致所有数据泄露。重要的密码必须单独设置，不得与其他密码相同。

（4）不下载不明软件及程序。选择正规网站下载软件，并且将下载的软件和程序都放置在其中一个目录下，使用前最好对其进行杀毒。不打开陌生邮件，避免遭受病毒邮件的侵害。

（5）防范流氓软件。对将要在计算机上安装的软件进行甄别选择，在安装软件时，应该仔细阅读各个步骤出现的协议条款，特别留意那些有关安装其他软件行为的语句。

（6）定期备份。不可否认数据备份的重要性。无论您的防范做得再细，也不能完全规避危险情况的出现。如果在备份后受到致命攻击，操作系统和软件则可以重新加载原本数据。

4.1.2　计算机安全在经管领域的应用

（1）应用于金融领域。信息化程度的不断加强，使计算机在金融领域的应用更为广泛，尤其是应用于银行的计算机安全。面对交易渠道逐渐增多、计算机系统的开放性不断提高、计算机系统的集成性不断加强、涉及平台更加多样化等现状，银行计算机会面对诸多风险，包括来自互联网、外单位、渠道、不信任域、内部网的风险。因此，必须构建完备的安全策略，可采取的措施有：①加强访问控制。首先，加强入网访问控制，严格禁止非法访问。其次，实行包过滤防火墙与代理防火墙技术，形成综合防火墙，完成对数据包头以及数据具体内容的检查。最后，为了防止信息泄露，对数据进行加密传输。②加强病毒防范。对计算机病毒的防范，需要建立起统一的漏洞检测、病毒预防、病毒查杀、病毒隔离、应急恢复体系。③加强客户安全意识的培养。客户安全意识的培养主要体现在对个人信息的保护、使用强密码、个人终端使用防火墙、做好交易记录等方面。

（2）应用于税务稽查。在税务无纸化改革进程中，利用计算机开展税务稽查是进行税务系统管理的必然要求。目前，税务计算机系统管理已经将路由器、交换机、防火墙安全等方面纳入考虑，但仍存在安全管理风险、网络系统安全风险等。后续可考虑实行管理体系安全运行策略、安全运行制度体系、安全运行技术防范，并在此基础上开启应急预案管理，提升税务部门的信息化安全程度。

4.2　网络安全

为用户提供信息服务和信息资源是计算机网络最重要的工作，因此网络安全从其根源上看实际是网络上信息的安全管理。网络安全是信息安全的延伸，其保证了未经授权用户在网上信息流动或者静止存储时不会被非法访问。

4.2.1　网络安全存在的问题

网络安全中存在的问题主要有：

（1）计算机病毒的泛滥。与传统的单机环境相比，网络系统的通信能力强，因而网络病毒的传播速度也更快，而且增加了检查病毒的复杂性和难度。

（2）介质泄露。当计算机正常工作的时候辐射出来的电磁波，可以借助一些器件在一定的范围内接收，从而造成了信息的泄露。因此，对于一些有机密的设备和厂房都需要增设屏蔽保护装置等安全防护措施。

（3）网络操作系统。网络操作系统的安全漏洞不可避免，制作一个没有 bug 的操作系统几乎是不可能完成的任务。

（4）网络通信威胁。互联网采用物理连接的这种方式是一个难以避免的弱点，只要能接触并使用适当的连接工具，便可以侵入计算机网络并成为超级网络用户，然后就叫以随时获得总线上的数据包，从而窃取甚至修改信息。

（5）应用服务威胁。许多基于应用服务器的系统都需要对网络进行访问和远程控制，如果没有对通信的各个环节建立安全保障机制，那么将可能导致应用服务的巨大损失。

（6）管理工作威胁。通常人们都没有深刻且正确认识网络安全入侵带来的危害，舍不得投入必要的人力、物力、财力等资源，为管理过程带来了诸多困难，因此常常需要建立网络安全管理战略和完善的安全风险管理机制。

4.2.2　网络安全的防护措施

网络安全的防护措施主要有：

（1）职业道德教育。加强人员的网络职业道德宣传教育、增强网络安全防护意识是提高网络安全的重要途径。信息安全意识和管理职业道德的优劣、安全管理责任心的强弱、安全风险管理水平的高低，都会影响整个系统的安全管理水平。

（2）保密法规制度。考虑到网络的开放性，应认真落实密钥规则、管理制度等法律法规等。

（3）安全物理环境。对于网络传输数据线路以及相关设备定期进行必要的安全保护也是十分重要的安全管理环节。这需要尽量保持远离电磁辐射源，有效减少因受到电磁干扰等所引起的网络数据传输错误，定期检查不同机器端口上的布线管理系统，防止有意外连接，且经常坚持使用各种软件扫描工具扫描端口布线状态。

（4）身份认证。在用户向其他系统提出请求时，要先出示自己的真实身份证明，最简单的办法就是输入正确的用户名和真实的用户密码，而且系统也应该具备对用户真实身份证明进行查验的能力。

（5）加密技术。通过加密数据对网络中存储或传递的数据资源以及个人信息进行加密，避免非法用户窃取，以有效保护信息在传递、使用过程中不被篡改。

（6）授权控制。安全性良好的网络系统通常对于不同用户赋予操作信息资源的不同访问权限，即按照角色来赋予系统的控制能力，包括界面访问、操作控制、数据提取等。

（7）隔离技术。采用防火墙等技术，设定安全区域，将内部网络与外部环境进行隔离，确保内部资源互访的安全性。防火墙可以作为数据分离器、限制器和分析器，通过自动检测、限制、变更网络数据流，尽可能多地保护和维护整个网络的安全性。

（8）备份和恢复。良好的备份和恢复机制，可以保证在网络受到攻击时，帮助整个系统尽快恢复大量的数据和服务。

（9）安全策略。安全管理策略应阐明网络安全要求达到的目标和如何实施，包括网络用户的安全职责、系统管理员的安全职责、如何正确使用网络资源、检查发现安全事故时的处理方法与对策等。

4.2.3　网络安全在经管领域的应用

（1）应用于企业网络。计算机网络在快速发展的同时也带来了相应的安全问题。在企业的计算机网络中，存储着与企业运营有关的重要数据资源，一旦企业的计算机网络遭到威胁，会造成企业的重大经济损失。为了应对网络安全问题，企业首先要对网络病毒进行防范，对企业计算机系统安装先进的杀毒软件，同时要注意加强单台计算机的独立性，避免由于单个计算机受到网络病毒入侵而引起的大规模系统瘫痪以及大面积数据丢失。另外，实行规范的数据加密程序，可以有效防止企业数据被盗取或复制，这就要求企业的信息技术部门对国内外的信息加密技术进行深入研究，对不同重要程度的信息实行不同的加密手段。企业工作人员的计算机网络安全保护意识也需要同时提升，建立起每一个员工的心理警戒线，使计算机网络安全深入人心。

（2）应用于企业网络风险管理。随着信息化时代的到来，企业对互联网的依赖程度逐步上升，同时企业网络安全也面临着严峻挑战。对企业网络安全风险进行识别，制定相关的信息安全策略，采取适当的举措对风险进行有效控制，可以将企业的网络安全风险降低到可接受水平，保障企业的安全运行。同时，信息网络的发展也意味着会不断出现新的网络安全风险，因此企业的网络安全技术人员需要不断学习先进技术，企业也需要不断更新网络安全评估技术，采取符合实际需求的安全防护措施，应对挑战。

4.3　安全技术

4.3.1　密码技术

密码技术包含加密和解密。其中，加密是研究、编写密码系统，把数据和信息转换为无法识别的密文的过程；解密是研究密码系统的加密方式，恢复数据和信息真实特征的过程。在密码技术中有以下相关概念：

明文（Plaintext，P）：是指在加密系统中原有的信息。

密文（Ciphertext，C）：是指明文经过加密变换后的形式。

加密（Enciphering，E）：是指明文变为密文的过程，通常由加密算法来实现。

解密（Deciphering，D）：是指由密文还原成明文的过程，通常由解密算法来实现。

一个密码系统由算法和密钥两个基本组件构成。密钥是一组二进制数，由进行密码通信的专人掌握，而算法是公开的，任何人都可以获取使用。密码系统的基本原理模型如图 4-1 所示。

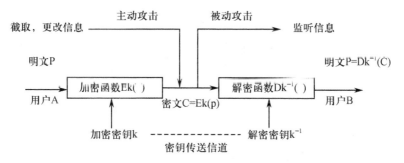

图 4-1 密码系统的基本原理模型

对于一个信息系统来说，密钥是保障系统安全的关键。通常，根据密钥可以将密码技术分为对称密码体制和非对称密码体制。

（1）对称密码体制。对称密码体制是一种传统的密码体制，也称为单钥体制、私钥体制。在对称密码体制中，加密过程和解密过程均采用相同的密钥。对称密码体制的密钥泄露将导致数据的泄露。对称密码体制原理如图 4-2 所示。

图 4-2 对称密码体制基本原理

（2）非对称密码体制。非对称密码体制又称公开密钥密码体制，其密钥有两个：一个用来加密，另一个用来解密。在进行数据传递时，加密密钥公开给公众而解密密钥仅为私人所有，传送者使用数据接收者的公开密钥加密数据资源，接收者采用自己的私钥进行解密。在进行数字签名时，文件采用签发者的私钥签名，而文档发布后，可以用签发者的公钥进行解密。

4.3.2 防火墙

（1）防火墙的概念。防火墙作为一种十分有效的网络安全设备可以建立隔离区域，区分安全地带，防止外界非法访问。防火墙主要分为包过滤防火墙、代理防火墙和双穴主机防火墙三种技术形式，并且在各种手持设备中得到应用。网络防火墙管理系统通常由屏蔽式路由器、代理服务器组成。防火墙的主要类型有以下几种：

网络层防火墙。网络层防火墙实际是 IP 包的过滤器，在 TCP/IP 协议堆栈上运行。其只允许符合特定规则的封包通过，这些特定规则通常可以经由管理员定义或修改。

应用层防火墙。应用层防火墙用来拦截进出某应用程序的数据包，阻绝外部数据流进入受保护的区域内。

数据库防火墙。数据库防火墙是一种基于数据库协议分析和控制技术，用于保障企业信息安全和稳定运营的网络安全保障系统。它基于主动预警机制，实现对数据库中访问行为的监测、危险运算和操作拦截、可疑性行为的审计。

（2）防火墙的特性。防火墙布设在内部网络和外部网络之间，是企业网络内外部进行安全通信的唯一连接渠道。网络防火墙管理系统布置结构如图 4-3 所示，防火墙内用户或者企业内部通过局域网互相连接，来自互联网外部的访问必须经过防火墙之后才能和内部网络进行通信。

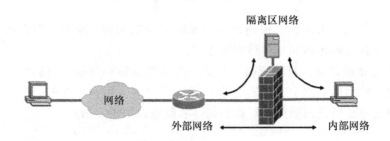

图 4-3 防火墙布置

防火墙最根本的作用就是同时确保所有网络中链路的正常化和合法化。防火墙将网络上的所有网络数据流都通过其内部相应的网络接口直接收集，并按照网络层次结构顺序依次传递，通过各协议层的访问规则和安全审查的数据包才能流出，而非法数据包则将被抛弃。

另外，防火墙自身具有非常强的抗攻击免疫力和防护能力，这正是防火墙为什么能够成为企业内部网络安防的首选设备。

4.3.3 入侵检测

入侵检测系统（IDS）是网络防火墙的技术补充，它帮助发现潜在可能性的网络攻击行为，提高了整个网络信息安全系统基础设施结构的功能完整性。入侵检测系统一般位于防火墙之后，实时检查网络上传递的数据报文，记录网络上的活动，设置路由器阻隔外部访问。入侵检测系统还对网络上的信息进行采集分析，实施网络用户信息数据审计，通过网络集中管理控制台系统进行数据管理和检测。

4.3.4　系统容灾

任何一种网络安全基础设施都很难做到万无一失，一旦网络发生安全漏防或者漏检事件，其直接后果会非常严重。另外，自然灾害等不可抗力因素也会直接导致系统的毁灭性损害。因此，需要在突然发生信息系统安全灾害时，有相应的安全措施能够及时、快速、安全地恢复信息系统和数据资源。

数据备份或容灾是系统进行文件数据保护的关键环节。数据容灾通常使用两个存储器，在两者之间建立复制关系，分别存储在物理位置不同的两地，其中一个实时地拷贝本地的数据资源，当一个损坏时则及时恢复数据并重新启动应用服务。

例如，集群技术通过对整个应用系统的冗余来避免宕机和不可访问等问题对应用服务的影响。集群系统可以采用双机热备份、本地集群网络和异地集群网络等多种形式实现，分别提供不同的系统可用性和容灾性。

4.3.5　安全技术在经管领域的应用

（1）应用于电子商务领域。电子商务是一个通过计算机网络来实现商品交易的平台，是大量身份信息、会计信息、交易信息的集合体，因此电子商务的安全性尤为重要。电子商务平台面临信息被截取、电子邮件被伪造、交易受骗等威胁，会对平台会员造成财产损失，迫切需要采取相应的安全技术对电子商务交易进行规范。首先，用户是电子商务平台的根本，只有让合法的用户使用平台才能在根本上保证交易的安全性。其次，数据加密技术的使用也能保障电子商务平台的安全性，通过对网络源代码、电子商务源码的加密，可以实现相对的安全。最后，防火墙技术的使用可以帮助我们控制访问权限，使整个计算机系统更加安全，保证交易的安全性。

（2）应用于企业移动办公。企业移动办公是企业提高工作效率的良策，同时，移动办公也可以帮助企业更好地利用数据、处理数据。移动办公意味着各类数据信息在互联网中的共享程度明显提高，但同时也带来了数据泄露或被篡改的安全威胁，因此，计算机安全技术在企业的移动办公中发挥着重要作用。企业在移动办公的过程中存在的信息安全隐患主要体现在人事管理、客户管理、财务管理、技术质量管理方面，可以采取动态密码技术，将随机性密码作为动态密码技术的核心，有效提升用户的信息安全，保障相关资料的安全性。同时，需要建立完善的网络结构，在无线与有线两种终端上保障移动办公的安全。杀毒等防范病毒软件的运用同样重要，部署与企业信息资料相关的安全软件可以提升企业移动办公的能力。

4.4　数字水印

4.4.1　数字水印简介

数字水印技术是信息隐藏技术在多媒体领域的一个重要应用,它将版权信息隐藏在多媒体信息中,目视观察不易发现,而采用特种设备或者软件才能够获取所隐藏的版权信息。数字水印技术凭借自身的鲁棒性、安全性等已经成为了多媒体信息安全领域的研究热点。

目前,数字水印技术在现代化多媒体领域中已经得到了快速发展和应用。数字水印是一种以各种可被人们所感知或者无法被人们所认识的形态,嵌入数字多媒体产品中,用来进行版权保护、内容审查检测或者提供其他信息的技术。数字水印由于自身独有的鲁棒性、不可见性等,广泛地应用在许多领域,具有十分重要的应用意义和实用价值。数字水印的分类方法有很多种,按照数字水印嵌入以后的表现形式划分,可以分为可见数字水印与不可见数字水印;按照数字水印的鲁棒性划分,可以分为脆弱性数字水印、半脆弱性数字水印和鲁棒性数字水印;按照数字水印的检测过程划分,可以分为明文数字水印和盲数字水印;按照宿主信息类型划分,可以分为图像数字水印、音频数字水印、视频数字水印、文本数字水印;按照水印嵌入的位置划分,可以分为时域数字水印、频域数字水印、时频域数字水印、时间尺度域数字水印等。

4.4.2　数字水印在经管领域的应用

(1)应用于数字版权保护。数字版权保护是指采取各种信息安全技术手段,在保证合法的、具有相关权限的用户对数字信息可以正常使用的前提下,保护数字信息创作者和拥有者的版权。随着社会数字化进程的不断加快,数字信息越来越多,相较于传统信息,数字信息具有易获取、便传输、可修改等特性,这也意味着数字信息的非法复制与篡改更加容易,严重影响数字信息创作者利益。因此,数字水印技术的出现,是对数字信息资源的所有权证明,可以明确各方的权利与义务,保护各方利益。

(2)应用于企业数字档案管理。档案作为人类活动的真实记录,对社会资源管理有着重大意义。在信息化程度不断加深的今天,办公自动化的出现使得档案管理也可以应用数字技术,数字公文、数字图书、数字文献等应运而生。在对企业数字档案管理的过程中,应用数字水印技术可以防止非法用户对企业数字资源以及档案的访问。另外,随着企业数字档案的信息化建设,采用数字水印技术可以便于企业开展网上档案公开服务,让员工与管理人员更安全地接触档案,了解企业发展进程,有助于对企业文化、战略等方面建立更为深刻的认识。

4.5　区块链技术

4.5.1　区块链技术简介

区块链是综合分布式数据存储、点对点传输、共识机制、加密算法等技术的一种数据资源分享、处理与管理体系。一般认为，区块链经历了三个发展阶段：首先是区块链 1.0 时代，即数字通证阶段，在这个阶段区块链技术利用区块链的时间戳、公开透明和不可篡改等特点解决了电子现金的点对点支付问题。其次是区块链 2.0 时代，即智能合约阶段，是以"以太坊"为代表的基于智能合约的"可编程金融"时代。此时，应用层面从数字通证延展到其他领域，尤其在金融服务领域，如股票、债券、期货等金融资产交易的登记、支付、清算等环节。最后是区块链 3.0 时代，既是扩展应用阶段，也是区块链赋能实体经济阶段。尽管区块链技术发展时间比较短暂，但是它的发展并非无规律，而是有章可循的。

在目前区块链的探索和应用中，金融是最主要的领域。区块链技术在数字货币、支付清算、智能合约、金融交易、物联网金融等多个方面存在广阔的应用前景。例如，在线购物时，为了在交易阶段确保不存在欺诈行为，通常需要一个中间性平台如支付宝等，买家先把资金提交到支付宝，由支付宝来做第三方可信任担保交易的角色。而在区块链的支持下，由于其不可篡改和全网公开的特性，让交易变得直观又安全，不再需要第三方的担保。虽然区块链的作用和支付宝一样，都是解决诚信问题，但是比起支付宝，区块链不属于任何人、任何组织机构，更加公正。

4.5.2　区块链技术在经管领域的应用

（1）应用于证券市场。企业开展资产证券化活动是融取更多资金的必由之路。当前证券市场仍存在有待完善的地方，企业资产证券化过程中存在安全问题，影响证券市场的发展，限制企业目标的实现，区块链技术的智能合约、去中心化、不可篡改的优势成为企业在寻求技术支持过程中的主要选择。在企业资产证券化过程中，区块链技术可以有效控制交易成本，降低企业的融资支出，同时强化相关监督监察，提升流程实施的公正性。区块链技术在增强企业各方互信、推动整个市场健康发展上也会发挥重大作用，使得各方的信息沟通更加便利，缓解信息不对称问题。

（2）应用于供应链金融。供应链金融通过融资与风险控制等相关技术，对供应链流程、交易中的营运资本管理和流动性投资资金使用进行合理优化，具有事件驱动和多主体协调的特点。事件驱动是指在供应链上的各类事件（订单、发票、应收账款等）都会引发金融需求，融资提供方需要对这些环节的需求提供相关服务。多主体协调是指供应链金融除涉及多组买卖双方，还会将多类融资主体纳入考虑范围，包括银行和其他金融机构、供应链服务企业、物流公司、监管机构等。区块链技术可以畅通供应链金融的信息传递，构建起供应链金融的多主体协调机制，解决供应链金融风险控制的难题。

5 人工智能技术基础

5.1 人工智能

人工智能是一门新兴的技术科学，主要是对人类智能理论、方法、技术和应用系统的模拟、扩展和拓展进行研究和开发。人工智能本质上是探索人类智能并形成类似于人类智能的机器，其研究范畴涵盖机器人、图像识别、语言识别、自然语言处理和专家系统等。人工智能作为模拟人类意识和思维的信息处理过程，自其诞生以来，应用领域在不断扩大。未来人工智能带来的技术产品将可能如同人类一样具备思考能力，甚至有超越人类智慧的可能。

5.1.1 人工智能定义

人工智能的定义可分为人工和智能，其中智能通常与意识、自我、思维等方面的问题有关。人们普遍认为，人类所了解的唯一智慧就是自己的智慧。很难给"人工"智能下定义，因为人们对自己的智慧和构成人类智能的要素的理解有限。此外，人工智能的研究往往涉及人类智能本身的研究，生物或人工系统的智能通常被认为是与人工智能相关的研究课题。

在计算机领域，人工智能受到越来越多人关注，并在机器人、经济政治决策、控制系统、仿真系统中得到了应用。斯坦福大学人工智能研究中心 Nelson 认为，人工智能是研究如何表达、如何获取和如何使用知识的科学。但有人认为人工智能研究的是如何使机器完成人类所能完成的工作，即人工智能研究的是人类智能活动的规律，构造类似人类智能的系统。

一般来说，人工智能的定义大致可以分为四类："像人一样思考"、"像人一样行动"、"理性思考"和"理性行动"。这里的"行动"被广泛理解为采取行动，或者决定采取行动，而不是实际行动。

5.1.2 人工智能关键技术

《人工智能标准化白皮书（2018版）》明确定义了人工智能的七项关键技术：机器学习、知识图谱、自然语言处理、人机交互、计算机视觉、生物特征识别和 VR/AR，如图 5-1 所示。

（1）机器学习。机器学习涉及统计学、优化理论、脑科学等众多领域知识，是一门研究人类学习行为并进行模拟的交叉学科。它构建领域知识，通过推理等方式形成学习算法，通过系统的迭代不断地学习新的知识与技能，以改善自身结构、提升自身

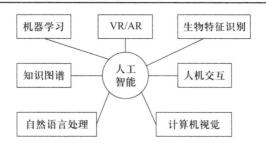

图 5-1　人工智能的关键技术

能力，从而达到优化目标或者问题求解目标。根据学习模式可以将机器学习分类为监督学习、无监督学习和强化学习等；根据学习方法可以将机器学习分为传统机器学习和深度学习。

（2）知识图谱。知识图谱是使用图描述的一种知识结构，它采用节点和边来表达知识之间的关系，形成现实世界中概念之间的关联。在知识图谱中，节点对应于现实中的某个实体或者概念知识，边则代表实体间的联系。知识图谱是把所有不同种类的信息连接在一起而得到的一个关系网络，提供了从"关系"的角度去分析问题的能力。

（3）自然语言处理。自然语言处理是探索人类与机器之间能够通过语言进行沟通的技术。常见的机器翻译、语义理解、问答系统等都属于自然语言处理范畴。机器翻译技术是指利用计算机技术实现从一种自然语言到另外一种自然语言的翻译过程。语义理解技术是指利用计算机技术实现对文本篇章的理解，并且回答与篇章相关问题的过程。问答系统技术是指让计算机像人类一样用自然语言与人交流的技术，人们可以向问答系统提交用自然语言表达的问题，系统会返回关联性较高的答案。

（4）人机交互。人机交互研究的是人类与计算机之间的信息交换方法，即信息如何传入计算机，结果如何从计算机传出给用户。人机交互是与认知心理学、人机工程学、多媒体技术、虚拟现实技术等密切相关的综合学科。传统的人与计算机之间的信息交换主要依靠交互设备进行，主要包括键盘、鼠标、操纵杆、数据服装、眼动跟踪器、位置跟踪器、数据手套、压力笔等输入设备，以及打印机、绘图仪、显示器、头盔式显示器、音箱等输出设备。人机交互技术除传统的基本交互和图形交互外，还包括语音交互、情感交互、体感交互及脑机交互等技术。

（5）计算机视觉。计算机视觉重点是研究如何使计算机具备人类视觉的能力，从而实现对图像、视频信息的提取、分析、理解和处理。自动驾驶、机器人、智能医疗等领域均需要通过计算机视觉技术从视觉信号中提取并处理信息。近年来，随着深度学习的发展，预处理、特征提取与算法处理渐渐融合，形成端到端的人工智能算法技术。根据解决的问题，计算机视觉可分为计算成像学、图像理解、三维视觉、动态视觉和视频编解码五大类。

（6）生物特征识别。生物特征识别技术是指通过个体生理特征或行为特征对个体身份进行识别认证的技术。从应用流程看,生物特征识别通常分为注册和识别两个阶段。注册阶段通过传感器对人体的生物表征信息进行采集,如利用图像传感器对指纹和人脸等提取光学信息,利用数据预处理以及特征提取技术对采集的数据进行处理,得到相应的特征进行存储。生物特征识别技术涉及指纹、掌纹、人脸、虹膜、指静脉、声纹、步态等多种生物特征,其识别过程涉及图像处理、计算机视觉、语音识别、机器学习等多项技术。

(7) VR/AR。虚拟现实(VR)与增强现实(AR)是以计算机为核心的新型视听技术,它们通过显示设备、跟踪定位设备、触力觉交互设备、数据获取设备、专用芯片等实现。这两种技术可以与其他科学技术相结合,在特定范围内生成一种数字化环境,这种数字化环境与真实环境在视觉、听觉、触感等方面极为相似,用户借助必要的装备与数字化环境中的对象进行交互,相互影响,获得近似真实环境的感受和体验。

5.1.3 人工智能在经管领域的应用

人工智能应用于财会领域可以大大提高员工工作效率,降低企业成本,创造更大的经济效益,提升企业核心竞争力。对于一些操作固定、处理规则明确的业务,如自动凭证结转、折旧提取、完成编报确认等,可以用人工智能代替重复烦琐的工作。通过人工设定数值,人工智能可以利用自身的数据资源采集和分析能力,在短时间内自动采集相应的证据,并根据财务账目对统计数据进行自动分类汇总。例如,中化国际于 2017 年 10 月率先引入财务机器人,替代部分重复性高、时间长、价值低的人工操作,公司财务流程的处理速度较原来提高了 75%。以报税为例,财务机器人可以在准确的时间设置下高效完成 4 家公司 60 多个账户在 SAP 系统中的查询、导出格式和整理工作,并可以进行财务数据的有序归档,实现税务数据实时共享,优化企业财务系统流程,推进电子信息化、资源化平台建设。

5.2 自动推理

5.2.1 自动推理的概念

推理是从一个或多个已知的前提中通过逻辑推论出一个新的结论的思维形式,它是事物在意识中客观关系的反映。人类一般是通过运用已有的知识和推理得出结论来解决问题。自动推理的理论和技术正是模拟人类的推理过程来吸纳正确性证明、专家系统和智能机器人技术等。自动推理是人工智能研究的核心问题之一,寻找更普遍、统一的推理算法是人工智能理论研究的一个强大动力。

5.2.2 推理的方式及分类

推理方法可以根据不同的标准进行分类,按推理途径的不同可分为演绎推理、归纳推理和默认推理；根据推理中使用的知识的确定性，可以将推理分为确定性推理和不确定性推理；根据推理过程中推导出的结论是否单调增加或是否越来越接近目标，可将其分为单调推理和非单调推理；按推理方法的不同，可分为基于规则的推理、基于模型的推理、基于案例的推理等。

（1）演绎推理、归纳推理、默认推理。演绎推理是从一个普遍的判断推导出一个特定的或单一的判断的过程。演绎推理有许多种形式，最常见的形式是三段论。三段论由大前提、小前提和结论组成：大前提是已知的一般知识或假设；小前提，即对具体情况或所研究的个别事实的判断；结论是从大前提中衍生出来的一种新的判断，它适合小前提所表明的情况。无论如何，由推论得出的结论包含在大前提的一般知识中，只要大前提和小前提为真，由它们得出的结论就一定为真。

归纳推理是从海量的案例中归纳出一般结论的推理过程，它是一种由个体到普遍的推理。归纳推理有完全归纳推理和不完全归纳推理两种。完全归纳推理就是在归纳的过程中考察相应事物的所有对象，根据这些对象是否都具有这一属性来推断。不完全归纳推理仅通过考察相应事物的部分对象而得出结论。不完全归纳推理又分为简单枚举归纳推理和科学归纳推理。简单枚举归纳推理是指已知某一类事物的有限可数的具体事物具有某一属性，则可以推断这类事物具有该属性。科学归纳推理是基于两种或两种以上事物有许多相似的属性这一事实，认为它们在其他属性上是相同或相似的推理。

默认推理又称缺省推理，是在知识不完全的条件下，在假设已经满足某些条件的情况下进行的推理。这种推理摆脱了为了进行推理而需要了解所有事实的前提，即使知识不完全，也可以进行推理。通常如果没有足够的证据来反驳结论，则认为结论是正确的。在默认推理过程中，如果在某一时刻发现原来的默认不正确，则应该撤销默认以及由此默认得出的所有结论，并根据新的情况进行推理。

（2）确定性推理、不确定性推理。确定性推理又称精确推理，是指在推理过程中所使用的知识都是精确的，最后结论也是确定的，其真值不是真就是假。不确定性推理又称不精确推理，并不是所有用于推理的知识都是精确的，得出的结论也不是完全肯定的，真值介于真与假之间，命题的引申模糊不清。

（3）单调推理、非单调推理。单调推理是指在推理过程中，随着整个推理过程的推进和新知识的添加，得出的结论单调递增，越来越接近最终目标，推理过程中没有重复。非单调推理是指在推理过程中，新知识的加入不仅没有强化已推出的结论，反而否定了已推出的结论，使推理回到上一步，重新开始。

（4）基于规则的推理、基于模型的推理、基于事例的推理。基于规则的推理是指用产生式规则来表示知识的推理。基于模型的推理则重点强调采用反映事物内部规律的客观世界模型。基于案例的推理则将过去的成功案例保存到案例数据库中，当遇到一个新问题时，可以在案例库中搜索过去的类似案例参考。

5.2.3　自动推理在经管领域的应用

（1）应用于营销策略。商品销售和客户信息数据量大，营销策略经常变化，人工实施营销策略费时费力，容易出错。推理引擎提供的营销业务计划自动列表，将大大提高系统效率，降低出错率。并且由于规则文件单独存放，具有可复用性和独立性，可以快速改变营销策略。

营销业务的自动推理过程可以分为四个部分：①建立知识库。根据存储在数据库和文档中的企业信息建立领域知识库。②规则档案。根据销售记录、客户数据等，采用统计分析、回归、聚类、关联规则、神经网络等方法进行数据挖掘，根据挖掘结果建立规则文件。③系统的推理引擎生成营销方案。推理引擎使用规则进行自动推理并得到推理结果。④系统将推理结果以影响方案清单的形式展示给营销人员使用。

（2）应用于智能决策系统。应用于智能决策系统的自动推理方法可以研究不确定数据，有效地从不确定数据中提取知识，完成对缺失数据和噪声问题的无监督分类，从而提高整体的正确性和鲁棒性。例如，在对非结构化知识进行分析的基础上，通过在值域中加入集合谓词变量和词变量修改二阶逻辑，结合指数分布簇的区间参数估计，可以建立基于扩展的高精度自动推理模型。

5.3　机器学习

5.3.1　机器学习的概念

机器学习是对计算机如何模拟或实现人类学习行为以获取新知识或新技能的研究，以及对重组现有知识结构的研究，以不断提高其自身性能。机器学习的关键是学习，对于学习，并没有一个精确的、被普遍接受的定义，这是由于参与这项研究的人均来自不同的学科。更重要的是，学习是一种多方面的综合性心理活动，与记忆、思维、知觉、感觉和其他心理行为紧密相关，这使得人们很难掌握学习的机制和事实。

机器学习旨在使计算机模仿人类的学习行为，通过学习自动获得知识和技能，持续提高性能，并逐步实现自我完善。机器学习还研究如何使机器识别和运用已有的知识，使机器获得新的知识和技能，这是目前人工智能理论研究和实际应用中热衷度极高的研究领域。常见的机器学习方法包括归纳学习、类比学习、分析学习、强化学习、遗传算法和连接学习等。

由于互联网技术的飞速发展，机器学习已经具有一定的解决实际问题的能力，并逐步成为一种基础性、透明化的支持与服务技术，并且将会有一个性能更好、学习高效、功能强大、结构完美的机器学习模型出现。随着信息技术的不断提升，无监督机器学习将取得长足的进步，机器学习的自主学习能力也将在原有的基础上进一步提升，并逐步超越人工智能的弱阶段，从而促进其智能水平的提升。机器学习将发展为拥有人类的学习、认知、理解、思考、推理和预测的能力，并且必将把人工智能和整个科学技术推向更高的水平。

另外，机器学习与大数据、云计算、物联网的深度结合，将引发一场全新的数字化技术革命，凭借自然语言理解、情感理解以及行为理解，将能打开更加友好的新型人机交互界面，更多的智能化机器人将遍及普通人的工作和生活中，将能够在医疗、金融、教育等行业为大众提供更多智能化、个性化服务以及定制化服务等。

5.3.2　机器学习在经管领域的应用

（1）应用于智能决策支持系统。机器学习是人工智能研究中最早的课题之一，也是人工智能领域最前沿的研究课题之一。机器学习的重大进展通常意味着人工智能研究已经迈出了坚实的一步。机器学习被广泛应用于自然语言理解、非单调推理、机器视觉、模式识别等领域，特别是在知识系统和决策科学领域。机器学习在功能决策支持系统中的应用也越来越受到专家学者的关注。

决策支持系统（Decision Support System，DSS）将许多智能技术和思想引入决策支持系统。它以信息技术为手段，应用计算机科学、管理科学，结合统计学等相关理论和方法，为管理者提供一个智能的人机交互信息系统，以便对半结构化和非结构化问题做出正确的决策。实践表明，决策支持系统只有具备丰富的知识和较强的学习能力，才能提供更有效的决策支持。针对智能决策支持系统存在的问题，研究一种基于机器学习的智能决策支持系统，增加学习组件，提高系统的学习能力，对提高决策的智能化水平和系统的应用效果，具有较高的实际意义和价值。

（2）应用于信贷风控研究。互联网金融机构经常使用机器学习算法构建信用风控模型，不仅可以扩大业务规模，还可以降低用户违约造成的坏账成本。通过大数据技术的应用，互联网金融机构可以收集用户的网上购物记录、社交记录等数据，从而有效分析用户信用风险的特征，建立信用风险控制模型来预测用户的违约概率，进而为是否给用户发放贷款提供决策依据。从用户的角度来看，这样一个信用风控模型的开发和实施，也会让用户注意维护自己的信用记录。从政府的角度来看，当各个领域的数据聚合起来，也可以促进征信系统的进一步发展。总的来说，互联网金融机构使用基于机器学习算法的信用风控模型，对于促进业务发展、提升客户体验、推动征信体系建设、创新金融产品具有重要意义。

5.4　自然语言处理

5.4.1　自然语言处理的概念

自然语言是指人们在日常生活中所使用的语言，如汉语、英语等，而计算机程序的编程语言如 C 语言、Java、Pascal 等则是由人工设计而成的语言，则是形式语言。

自然语言处理也称自然语言理解，是利用计算机对来自不同语种的文字进行存储、识别、分析、理解等处理活动，进而理解语言文字中的字、词、音、义等，使计算机能够理解人类语言，并能够与人类通过文字、语音等媒介而互相交互。衡量计算机理解语言的标志则为：能准确解答输入的问题、能将语料转变成摘要、能利用不同词汇复述所输入的语料、能在不同语言之间进行翻译。

自然语言处理是以计算机科学、人工智能以及语言学等为理论基础，致力于研究计算机和人类语言之间的交互作用所形成的交叉学科领域。因此，自然语言处理与人机交互有着密切的关系。

5.4.2 自然语言处理的流程

以汉语为例，自然语言处理的完整流程大致分为五步，分别为语料获取、语料预处理、特征工程、特征选择、模型训练。

(1) 语料获取。语料指的是语言材料，也是语言学重要的研究内容之一。语料是构成语料库的基本单元，而语料库通常是一个文本的集合，当出现多个文本集合的时候则称为语料库集合。按获取来源，语料大致可以分为已有语料和网上下载抓取的语料。已有语料通常是将内部纸质版或者电子版的文本资料整合，将整合的资料电子化就可以作为语料库使用；而网上下载抓取的语料，顾名思义就是在网上搜集数据，再将数据整合后作为语料库使用。

(2) 语料预处理。语料的预处理工作一般情况下需要从数据洗清、分词、词性标注、去停用词四个大的方面来完成。数据清洗指的是在海量数据中找到有价值的信息资料，把不感兴趣的内容清洗删除，包括对原始文本提取标题、摘要、正文等信息，对爬取的网页内容则要去除广告、标签、HTML、JS 等代码和注释等。分词则是指将由句子、文章摘要段落或者整篇文章处理成最小单位粒度的词或者词语，并保证句子、段落之间的字、词语是连续的。常见的分词算法有：基于字符串匹配的分词方法、基于理解的分词方法、基于统计的分词方法和基于规则的分词方法。词性标注是指给每个词或者词语打上词类标签，如形容词、动词、名词等，这样做可以让文本在后面的处理中融入更多有用的语言信息。常见的词性标注方法可以分为基于规则和基于统计的方法。停用词一般指对文本特征没有任何贡献作用的字词，如标点符号、语气、人称等一些词。停用词词典通常是根据具体场景来决定的，如在情感分析时，语气词、感叹号应该保留，因为它们对表示语气程度、感情色彩有一定的贡献和意义。

(3) 特征工程。特征工程的目的是把分词之后的字和词语刻画为便于运算的数据类型，其一般是将字符串转换成词袋模型和词向量来表示。词袋模型不考虑词语原本在句子中的顺序，直接将每一个词语或者符号统一放置在一个集合，然后依照计数的方式统计出现的次数。词向量则是将字、词语转换成向量矩阵的计算模型，如 One-hot 方法把每个词表示为向量，向量的维度由词表的大小所给定，向量汇总绝大多数元素为 0、少数值为 1。

(4) 特征选择。与数据挖掘一样，在文本挖掘相关问题中，特征选择也是必不可少的。特征向量选择的目标是探寻合适的、表达能力强的特征。文本特征一般都是语义信息的词语，使用特征选择需要找出一个特征子集且仍然保留原本语义。因此，特征选择是一个具有挑战性的过程，更多地依赖于经验和专业知识，已有很多现成的特征选择算法。

（5）模型训练。在特征向量选择好之后就需要进行模型训练，对于不同的应用需求，可以使用不同的模型，传统的有监督和无监督等机器学习模型，如 KNN、SVM、决策树等模型；最新的研究方向是深度学习模型，如 CNN、LSTM、FastText 等。

5.4.3 自然语言处理在经管领域的应用

（1）应用于企业内控领域。基于自然语言处理技术的内部控制评价可以对文本信息等非结构化数据的处理进行定量分析。借助非结构化数据传输接口和数据存储平台时，计算机可以实时从该平台获取文本、图片、声音等信息，从中提取关键内容，并将其转换为计算机可读的结构化信息。这样做的优点是通过计算机将传统的依靠定性指标的内部控制转化为定量分析，分析的结构更加客观真实。以国际工程项目为例，现行的方法只能对单一的合同条款进行索赔或反诉，阅读合同条款和查询国家相关法律都需要大量的精力和实践。如果利用自然语言处理技术就可以提取公司管理信息平台中各合同的违约、赔偿等条款，结合对法律条款的语义分析，预警或判断存在的风险问题进而形成应对方案。

（2）应用于项目文档管理。将自然语言处理技术应用于项目文档管理，具体包括从项目文件中提取关键信息和对项目文件中的关键信息进行审核。将自然语言处理技术应用于项目文档处理的方法是将人工智能技术与传统的项目管理相关内容相结合。在实际应用过程中，项目文档管理将面临通用性、及时性、安全性和易用性的问题，通过引入自然语言处理技术，可以提供更好的通用性、更好的易用性、更好的安全性，并在保证准确性的情况下辅助项目文件管理，为文件的后续处理提供参考借鉴意义。

5.5 人工生命

5.5.1 人工生命的概念

人工生命是通过人工模拟生命系统的方式，来实现对生命形成过程、演变过程等方面的探索。目前开展的有关人工生命的研究，主要讨论"生命"的复杂现象，并阐明"复杂性"的需要。未来与之相关的科学研究将面临的是一个复杂性的适应系统，该系统中复杂事物与对象只能根据其复杂的面貌来认识与理解，这是人工生命研究的一个难点问题。当前，人工生命主要有两种研究方法：

（1）细胞自动机。细胞自动机是人工生命研究的早期经常使用的一种技术，因其算法过程简单易行，并具有可扩展性和并行化特征，直到现在仍然经常被使用研究。人工生命与细胞自动机在历史上有着相当紧密的联系。早在 20 世纪 40 年代就有学者开始研究相关技术，到了 70 年代，英国数学家 John Conway 发明了著名的方格游戏，成为细胞自动机的代表。

（2）神经网络。神经网络是通过模拟生物神经网络行为特点，进行分布式并行信息处理的算法数学模型。由于神经网络引进了学习功能，通过模拟生物的学习功能和模拟进化计算的结合，从而达到处理信息的目的，为现代人工生命研究奠定了基础。

5.5.2　人工生命的意义

人工生命采用计算机系统作为展示场景，来模拟生命的形成过程、演化过程以及生命特征行为。研究人工生命，就是利用计算机构建一个人工系统，使其具有生命的特征和特有的生命行为。人工生命是由计算机、生命科学、逻辑学及相关学科相互交叉形成。探索人工生命相关的计算理论与方法体系，有助于揭示生命的全貌、探索生命的起源，为生物学研究提供新的方法途径。在人工生命的探索过程中，很多算法都是模仿自然生物体行为、能力和逻辑的方法体系，如蚁群算法、遗传算法、人工神经网络等。这些算法不仅具有很高的实效性，而且可以应用于科学和工程的许多实际领域，产生巨大的经济效益。它们不仅效率高，而且对人工生命理论和算法的研究有助于揭示大脑的机制和本质，从而推动相应领域的发展。

5.5.3　人工生命在经管领域的应用

（1）应用于智能管理。随着业务的发展和管理要求的提高，以及企业信息化水平的提升，必然会产生大量的项目。项目管理分为三个层次：项目组合管理、项目组管理和项目管理。项目组合管理日益成为企业提高利润的重要途径。传统的项目组合管理是基于传统项目的定义，即项目的三个要素范围、成本和时间进行管理，忽略了任何组织在项目中的重要作用。因此，在实际的项目组合管理中心，往往存在较大的偏离理论，组合优化结果不容易在实践中使用。传统的项目自查管理理论需要升级，更好地指导企业的实际生产活动。可以通过人工生命的模型框架，利用项目内在的集成人和人类指挥的特点对项目进行拟人或拟生命体的研究，体现出项目的有机体特征，将人的因素作为内因而非环境因素考虑，为项目组合智能管理理论的研究奠定基础。

（2）应用于工程问题。人工生命系统在工程问题优化领域的应用最早是由日本科学家 Hayashi 开始的。1997 年，Hayashi 提出了人工生命算法，其将目标函数和评价函数应用于人工生物、资源的位置。通过人工生命的不断进化，在最优解位置附近产生突现集群现象，从而得到目标函数的最优解。该方法需要手动确定权重以平衡活动范围和目标函数，根据所使用的函数和实验结果的误差情况不断调整权重因子，以达到在最优解附近形成突现集群现象。

6 虚拟现实技术基础

6.1 多媒体技术

在普适计算大力发展的时代背景下，多媒体计算机应运而生，而多媒体技术就是运用计算机对数字化的文字、图形、图片、动画、声音以及视频等媒体信息进行处理、分析、传输以及交互性应用的技术。随着信息化的飞速发展，多媒体技术也逐渐融入人们的日常生活中，成为交互性应用技术的一种，其主要针对文字、图片、声音以及动画等进行控制和操作，并完成这些信息的处理、数据分析、信息传输和操作控制。

6.1.1 图像处理的概念

在充满信息的时代，信息无处不在。作为人类感知世界的基础，图像一直是最重要的表现手段。图像处理又称影像处理，它主要面向数字图像，采用刻画像素的一个二维数组来分析数据中价值或者对数据进行变换和操作。在计算机中，根据颜色与灰度的多少可以将图像分为四种基本类型：二值图像、灰度图像、索引图像和真彩色RGB图像，这四类图像被绝大多数图像软件所认可。然而，即使人类的眼睛识别能力再高，也依然可能存在模糊甚至不可见的情况，面对这种状况，数字图像处理的重要程度就显而易见了。目前，在图像处理方面使用率较高的是一些逐渐兴起的技术，如康耐视系统、图智能系统等，这两种技术借助计算机进行图像分析，并实现三部分功能：对图像进行一定比例的压缩；增强和复原；进行匹配、做出描述和准确识别。

6.1.2 图像处理的内容

（1）图像数字化。在日常生活中，人们肉眼看到的图像是图形的形状，但在计算机中，它以一种特殊的模式表示，即数字矩阵，这个数字矩阵中的每个元素都称为像素。图像数字化的对象是一幅客观的图像，其目的是将其转化为数字形式，一般可利用电子和光学扫描设备或者数字化设备来实现。

（2）图像编码。为了更好地满足图像传输速率和存储的要求，通常情况下会对图像的信息进行编码。在进行编码时，一般会运用以下三种方法：一是逐点加工图像，二是对图像进行变换，三是针对图像的特征和区域进行编码。此外，人们常用的还包括脉码调制、微分脉码调制、预测码和各种变换技术。在此过程中，最大的优势是即使图像信息被压缩，图像质量仍然不受影响。

（3）图像压缩。图像压缩是图像的存储和传输过程中必不可少的一个环节，这是因为大部分数字图像（包括动态图像）都是由像素矩阵描述的，数据量太大，往往需要压缩后才能进行存储或者分类管理。对静态图像来说，一般使用无损压缩算法，如游程码。该算法首先提取相邻像素值在空间或时间上的差值，然后对它们进行编码。对动态图像来说，一般采用有损压缩算法，如 JPEG 和 MPEG。该算法有两种变换模式：一种是快速傅里叶变换；另一种是离散的余弦变换。

（4）增强复原。图像增强和图像复原最大相似之处在于，两者的最终目标都是提高现有图像的质量，前者采用频率域和空间域法，利用低通滤波、局部求平均法和中值滤波三种方法来消除图像中的噪声。后者是根据已知模型对原始图像的估计，通常在恶劣的条件下使用，如电子显微镜和太空摄影等场景，其利用代数方法求解方程组，得到所需的复原图像。图像增强和图像复原也有不同的地方，如使用一些图像增强的方法来增强图像比复原后的图像更清晰。图像增强常用的有四种方法：灰度等级直方图处理、干扰抑制、边缘锐化、伪彩色处理。图像恢复则可以分为两种方法：一种是在未知的情况下建立退化源的数学模型，然后使用复原算法；另一种是在已知先验知识的情况下建立模型，然后通过观察退化图像进行复原。

（5）图像分割。图像分割一般采用两种方法实现分割，即境界法和区域法，其目的是更清晰地分析和理解图片。顾名思义，境界法的前提是找到特定的区域区分其边界，这就需要利用边缘检测技术，根据边缘的梯度值进行检测，从而进行分割；区域法是将对象与背景进行分割，如果分割不满意，可以使用自适应阈值法根据对比度调整阈值，然后进行阈值操作。在图像分割的实际应用中，不仅需要模式识别，而且还需要计算机识别等技术。在日常生活中，图像分割有着广泛的应用，包括各种自动化系统，如指纹识别、军事识别和跟踪等。

（6）图像分析。图像分析的目的不是生成另一幅图像，也不是限制固定图像中某一特定区域的类别，而是得到一些数值特征结果。为了获得图像特征，需要进行以下步骤：首先，将图像划分为不同的区域，每个区域是一个连续的像素集合；其次，确定类型，从图像中提取有用的数据和信息，比较图像结构和分类来确定类型；最后，抽取特征并进行符号化的描述。在分析过程中，主要采用了模式识别技术和图像相关知识库两种技术。

（7）图像匹配。图像匹配主要是对两幅图像进行比较。例如，当寻找运动物体的轨迹时，可以用这种方式监视在不同时间拍摄的图像，并观察它们的变化。具体做法如下：在匹配过程中，首先建立几何对应关系，通过测量来观察两者之间的相似程度或差异程度。一个标准的图像处理系统不是相互独立的，而是相互结合的。第一步是从形式表面开始，将图像数字化成计算机处理的形式；第二步是在图像形式成功转换后，采用图像编码技术进行传输和存储；第三步是通过增强和复原对图像进行进一步处理；第四步是基于图像分割的图像特征分析；第五步是提取图像特征，得到图像的符号化描述，然后通过图像匹配进行分类，比较两幅图像之间的不同程度。

6.1.3　多媒体技术在经管领域的应用

（1）应用于财务管理。在财务管理工作过程中，财管人员每日需经手海量凭证并进行验证分析，迫切需要引入一项可以将影像文件转化成结构化数据的技术。而通过多媒体技术对图像进行分割、分析、增强复原则恰好可以解决这一迫切需求。传统模式下发票验真、单据审核、财务风险分析都需要耗费相关财管人员大量时间、精力且正确率无法保障。图像处理技术可实现在共享模式下将发票扫描进入影像池，再对比票面信息与抵账库数据是否一致匹配。若一致通过验真，不一致则自行提示报错。在此过程中，可选择将通过检验的图片在传输前进行图像压缩，以保证图片在肉眼可识别的前提下，维持传输速度和储存大小适中。在需验证原始凭证数量较多的情况下，也可考虑将扫描与识别一体化同步进行，即在扫描的同时完成识别，在图片未经压缩的前提下识别，图片像素的提升必然会为识别正确率提供保障。将发票、凭证的基本信息通过图像数字化技术识别提取后，可将提取信息与公司内外部数据进行对比。例如对于供应商信息来说，对内通过后台进行简单的排序处理就可发现是否存在发票重复或连号、个人报销的供应商是否单一等问题；对外结合外部资料，可核对供应商信息是否翔实、查询合作企业股东或管理层是否与本公司员工存在关联。

（2）应用于工业工程管理。图像处理在工业工程管理领域中也有着广泛应用，图像处理可以有效辅助车间人员鉴别自动装配线中的不达标零件、对不同类型的零件进行识别归类、检查电路板故障、进行弹性力学照片的应力分析。同时当需要管理的对象为高风险、高危害、高毒性、高放射产品时，图像处理可实现确保管理者在远离危险环境的同时，通过计算机进行管理识别，实现提高管理效率与保障人身安全的双赢局面。同时，在新型智能车间安装摄像头，观察捕捉工人在不同工序、动作过程中的图片并进行图像分析，可以及时调整人员分布，简化非必要流程，监督员工实时工作效率、控制员工情绪与积极性，实现降本增效的目的。另外，随着具备视觉、听觉及自身决策系统的智能机器人在工业生产中逐步取代人工进行焊接、装配、涂料等高危工作，图像处理等多媒体技术也正逐步成为智能工业化的基础要素。当前，图像识别作为数据获取的主要来源，已成为工业工程管理过程中大数据分析、人工智能分析必不可少的前提条件。

6.2　可穿戴设备

6.2.1　可穿戴设备的概念

可穿戴技术指的是将多媒体、传感器和无线通信等技术和人们日常穿着相结合，进而实现人机信息交互。近些年，可穿戴技术的发展呈直线上升，未来将会普及人们生活中的每一个领域。而可穿戴设备，指的就是能直接穿戴在身上作为配件的便携式电子设备，在相关软件的支持下可以感知、记录、分析与佩戴者相关的身体信息。随着物联网和移动互联网的飞速发展，可穿戴设备与各类应用软件的密切结合成为新趋势。目前，可穿戴设备大多以便携式配件形式存在，通常都具有部分计算功能、可连接手机及各类终端的功能，比较受欢迎的可穿戴产品包括智能手表、智能服装等。可穿戴设备根据实现难度一般可分为两类：

（1）主要依靠传感器的可穿戴设备，如智能腕带、智能手表等。这种类型的可穿戴设备可分为人体健康及运动追踪类和智能手机辅助类两个子类。人体健康及运动追踪类可穿戴设备的核心功能是利用传感装置记录并评估使用者的运动情况和健康状况，一般需要连接上智能终端设备进行数据的分析、管理、显示，如智能腕带和智能手环都是这种类型的可穿戴设备。而智能手机辅助类可穿戴设备则搭载着操作系统，在可穿戴设备上将智能手机的通信、邮件、短消息等功能进行拓展。

（2）支持新型人机交互技术的可穿戴设备呈现为综合智能终端，如智能眼镜。该类型的设备虽然也要和手机相连，但是其拥有更强大的操作系统和功能，可以通过对多种技术的支持来实现与智能手机类似的功能。

6.2.2 可穿戴技术的交互模式

与传统的交互方式相比，以触控为基础的交互模式发生了颠覆性的变化，通过非触控方式的手势、姿势、语音等进行交互的可穿戴产品则更受欢迎。由此可见，交互模式对于可穿戴技术十分重要。

（1）语音交互。语音识别技术是语音交互的技术基础，其能够使机器理解语言指令，把语音信号转换成对应控制或操作命令。随着深度学习算法、云计算等的深入研究和发展，语音识别技术的技术水平迅速提高。各种类型的语音对话机器人和语音助手工具接连问世，如 Siri、小娜、科大讯飞、百度 Voice 等知名产品的语音助手已广泛应用于智能终端。

（2）姿势交互。姿势交互就是利用计算机图形学的相关技术，将人体不同部位的姿势采集起来，转换成计算机指令进行操作。而手势则是常见的姿势交互方式之一。手势技术让用户的生活变得更加轻松，而无须按住或点击设备就可以实现交互。

（3）眼动交互。眼动交互就是通过计算机识别、红外探测或无线传感器等手段来实现对设备的控制和交互，而眼动控制最容易被接受的一个优点是一些有身体残疾的人依然能够自由灵活地控制自己的眼睛。以眼球运动为基础的交互系统的研究关键在于记录眼球运动，并将其解读为具体的指令，从而实现交互。

6.2.3 可穿戴设备在经管领域的应用

（1）应用于银行系统。当下，各类银行都在探索引入智能可穿戴设备以拓展自身金融领域应用的可能。可穿戴设备作为继移动终端设备后，首先改变人们生活方式的电子产品，伴随着 Wi-Fi、5G 技术的发展，逐渐成为助力相关行业发展的不可忽视因素。其重要性主要体现于促进银行数字化发展战略转变，当下移动金融服务主要集中于手机端，但受限于手机支付模式发展已至瓶颈的处境，更加简便快捷且安全的可穿戴设备必将其替代。苹果、华为、小米等电子厂商都将开辟"智能可穿戴设备与智能手机"融合模式确定为重要战略部署，商业银行已经开始抢占基于 NFC 的支付市场。消费者使用智能可穿戴设备频率极高，因此其也可成为银行低成本、高效率、高精度获得顾客数据的渠道。商业银行可借此机会探索新型互联网金融模式，推动数字化管理战略更新。当前，提供一站式全过程金融服务已成为商业银行发展的主要趋势，可穿戴设备可以为整合各类业务及账户相关信息提供科技支撑。然而，其整合的痛点在于难以解决不同账户的密码管理问题，因为这涉及客户体验以及资金安全。智能可穿戴设备则可凭借其在技术方面的安全性、便捷性优势，采取活体指纹识别、人脸识别、虹膜识别、手势识别等认证方式，在现有服务器架构上，实现多账户密码统一管理，打通人机壁垒，解决电子签名问题，为一站式金融服务提供强有力的安全保障。除此以外，可穿戴设备还能解决金融服务全过程的安全信任问题，并且借助互联网优势打开国际移动支付市场，使自身金融业务与国际接轨。

（2）应用于保险行业。可穿戴设备可以利用各类传感器来收集人体相关数据，将收集到的数据进行汇总分析，对人体实时生理健康状态产生判断。用户的血压、脉搏、体温、睡眠时间与用户运动的速度、移动的距离等关联度指标都会被记录，因此可穿戴设备对健康保险领域有极高应用价值。从保险公司的角度出发，可穿戴设备提供的大数据信息有望改善保险市场信息不对称的现状。传统的保险模式中保险公司与被保险人的联系较少，一般只发生在理赔或续缴保费的时段。只有在投保时，保险公司才会详细调查了解被保险人的身体状况，以判断其身体产生疾病风险的概率。但通过上述单一渠道获取被保险人健康状况相关信息的方式存在极大风险。首先，被保险人可能因骗取保费而故意隐瞒其存在的遗传疾病；其次，被保险人的身体健康情况会随着时间发生改变。可穿戴设备可弥补以上信息不对称带来的缺陷，在征得用户同意的前提下，保险公司会以赠送或打折的方式向客户提供可穿戴设备，鼓励被保人关注身体健康变化并实现对被保人的健康监测管理，从而在保障被保人健康生活的同时，稳定控制保险公司的赔偿率与赔偿金额，降低公司涉及健康保险领域产品相关风险。

6.3 虚拟现实

6.3.1 虚拟现实的概念

虚拟现实又称虚拟实在，于 1989 年由 Jarn Lanier 提出，其含义主要包括三个方面：一是利用现代高科技技术，如仿真、传感等，生成可交互的虚拟场景，即多视点、实时动态，最终追求的是让使用者有身临其境的感觉。二是用户在使用时，通过与环境进行交互，可以明显感受到和现实生活中毫无差别。这里的感受方式包括五官的感知，如视觉、听觉、嗅觉和触觉。三是在操作过程中，人不单纯是观察者，更多的是占据主导地位，行使自己在虚拟环境中的行为能力。

虚拟现实不仅可以实现现实生活中所存在的事物环境，还包括人们想象的虚构世界。虚拟现实不仅是用户与终端的接口，还可以帮助人们提升对感性和理性的认识。另外，虚拟现实系统还将根据用户反馈，不断更新创造以达到更适合用户需求的虚拟环境，这是一个不断学习、持续创造的循环过程。

6.3.2 虚拟现实的特征

虚拟现实的概念提出以后，Burdea 根据实际使用情况，逐渐总结出其显著的三个特征，主要包括沉浸性、交互性和构想性，称为特征三角形，如图 6-1 所示。

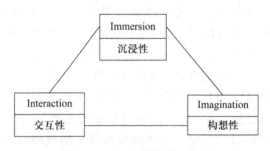

图 6-1　VR 技术特征三角形

（1）沉浸性。这是虚拟技术最主要的特征，顾名思义就是身临其境。让用户在使用过程中，忘却了自己所处的地方和原本的感觉，可以从数据空间向外观察，完全融入虚拟环境中，成为其中的一部分。

（2）交互性。即用户与环境相互作用的能力。在用户进行相应操作时，虚拟环境会做出回应，与之交互沟通获得有价值的自然反馈。

（3）构想性。即在交互作用的前提下，用户沉浸在虚拟世界中，在定性和定量的环境中得到感性和理性的认识。因此，虚拟现实可以说是帮助人们启发创造性思维的活动。

6.3.3 虚拟现实技术的关键技术

虚拟现实主要包含以下五个关键技术：

（1）动态环境建模技术。虚拟现实技术的核心是搭建一个虚拟环境，从而获取实际情况下环境的三维数据，分析整理所获得的数据，进而建立虚拟环境的模型。

（2）实时三维图形生成技术。实时三维图形生成技术的目的是提高刷新频率，达到实时更新的目的，这就要求频率高于 1.5 帧/秒。在高效率的要求下，各种有效技术的加持就成了关键，更有利于真实感。

（3）立体显示和传感器技术。虚拟现实的未来发展将重点依靠立体显示和传感器技术。立体显示技术利用人的生理原理，呈现三维实体显示环境。传感器技术则实现系统感知，并解决传感设备的安全性问题，包括可靠性、可重复性和精确性。

（4）应用系统开发工具。不论是开发哪种类型的工具还是技术，最终的目的都是应用到生活中的实际问题中。常用的虚拟现实开发工具主要包括：可视化平台 VRT，主要进行高程度的交互和网络处理；C 函数库 WTK，主要作用是提供虚拟环境的应用开发；仿真和交互三维图形的 CG2，主要作用是实现实时场景再生。

（5）多种系统集成技术。集成技术不是一项简单的操作，它需要将多个系统进行融合，即信息同步、标定模型以及数据的转换和管理，最终进行模式识别与合成。

6.3.4 虚拟现实技术在经管领域的应用

（1）应用于人力资源管理。在企业内部进行人力资源管理时，在人才测评和合理分配人员岗位的过程中，广泛使用的传统模式为面谈结合履历分析，该模式存在受主观影响较重、成本较高、效率较低的缺陷。虚拟现实技术的介入，可以使人才评测系统向更科学、更高效、更准确的方向发展。考虑到，虚拟现实的核心为利用计算机仿真技术打造虚拟系统，创造虚拟环境，使用户身临其境地在虚拟环境中体验，企业管理者可利用虚拟现实技术搭建符合公司实际工作情况的场景，通过满足被测试者视觉、听觉、触觉的感知体验，使被测试者在行动的过程中收到和现实世界一致的反馈，完成被测试者与虚拟环境的沉浸式互动。在虚拟现实场景中，企业被测试者可以根据自身想象力、创造力，对预设模块进行构想、补充、添加。管理者则可以根据虚拟环境中的测评结果，对被测试者的表现进行分析计算，判断是否需要将其选拔或根据其性格特征、擅长领域调整其适配岗位，达到人力资源配置最优化的目的。目前，已经有专家学者率先展开有关研究分析，构建出了人力测评潜质模型，并根据此潜质模型开发出了人力资源潜质发掘及评估产品。

（2）应用于电子商务。虚拟现实技术能够为电子商务发展重新赋能，拥有虚拟现实技术的电子商务企业将在自身发展领域拥有全新竞争优势。当前 B2C 电子商务模式的兴起意味着销售模式由产品主导逐步转变为消费者主导，消费者掌握了更多主动权。虚拟场景给了消费者按照自身想法与商家进行交互的新路径，商家则可根据消费者实时需求与想法改变产品设计，反复修改虚拟产品直到满足消费者需求。消费者则可以通过私人化定制收获精准定制的产品，虚拟现实技术作为便捷工具切实服务了消费者，消费者满意度进一步提升。同时，这样的生产模式也可以全面提高产品的设计效率、降低无目的批量生产产生的成本浪费。通常，虚拟系统对硬件要求较高，普通消费者可能无法拥有实现虚拟场景所需的硬件设施。针对这一问题，使用虚拟现实技术的企业需要打造自身虚拟现实门户，在网络上建立虚拟场景。虚拟系统打破了消费者消费过程中的时间、空间壁垒，相较于真实的线下店铺，虚拟场景甚至能提供数量更多、种类更全的商品以供选择。商品种类与消费体验的提升将直接刺激顾客购买意愿，购买意愿的提升则有概率转化为更高的交易量与商业利润。

6.4 增强现实

6.4.1 增强现实的概念

增强现实（Augmented Reality，AR）是虚拟现实技术的一个主要分类，它靠近真实世界的一端，将虚拟物与现实结合，呈现实时、三维的场景。在真实世界中，VR 和 AR 的共同点是人机交互、虚实结合以及实时自然交互。VR 重点关注用户与虚拟世界的交互联系，与虚拟现实技术相比较，增强现实更适合范围广的人机交互模式，真正地实现了虚实结合，促使用户的交互能力更加自然。因此，可以将增强现实技术定义为：将虚拟的数学信息叠加在真实的场景中，包括动画、视频和文字，与现实生活中的人或物进行人机交互的技术。随着增强现实技术的不断发展，增强现实逐渐从理论阶段过渡到应用阶段，被大众所广泛应用，被众多权威机构一致认为是最有前景的技术之一。现实与虚拟之间的定位关系如图 6-2 所示。

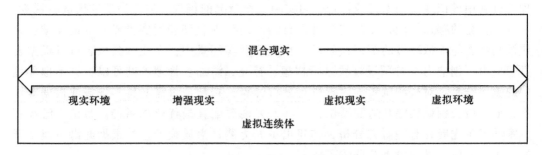

图 6-2　现实与虚拟之间的定位关系

6.4.2 增强现实的关键技术

为了实现虚拟与真实场景无缝融合的人机交互体验，增强现实应用主要依靠三种关键技术，即三维空间注册技术、人机交互技术和三维表现技术。

（1）三维空间注册技术。三维空间注册技术指的是跟踪和定位显示场景的图像或物体，并计算相应的虚拟世界和现实世界之间的关系，根据正确的空间透视关系来确定位置，实现叠加虚拟物体的真实场景。目前，三维空间注册技术中实现图像识别和跟踪的方法主要有基于光学或深度相机的图像识别和基于传感器的物体运动跟踪两种。

（2）人机交互技术。传统的人机交互手段都是在二维平面空间中操作，不能很好地适应增强现实新的应用场景，从而催生了人体运动捕捉和手势识别等这些能够在三维空间中进行交互的新技术，其可以更准确地实现与虚拟场景中的对象交互。在增强现实应用中，人体动作捕捉和手势识别功能一般通过光学动作捕捉设备和数据手套设备进行辅助，以满足精确的三维空间位置跟踪的需求。

（3）三维表现技术。增强现实不仅广泛应用到一般屏幕，在摄像机的显示设备上也同样存在。为了实现现实与虚拟场景融合的立体显示效果，一般摄像机都会有两个摄像头和显示器。在日常生活中，捕捉视频图像时，不仅可以通过摄像机视频捕捉，还可以通过光学透视设备进行数字信息投影。另外，为了达到逼真的三维效果、实现虚实融合，三维展现设备占据着重要的地位。其包括开发库、应用、三维渲染引擎等。目前，主流游戏引擎为了提升虚拟物体的 SD 渲染效果，已经充分利用多核运算能力打出动态的光影效果。

6.4.3 增强现实技术在经管领域的应用

（1）应用于质量管理。随着增强现实技术的进一步演化增强，增强现实技术已经可以实现在生成虚拟场景的基础上，对现实世界增强。在人工智能发展的重大战略部署下，增强现实技术应用于质量管理领域，可在以下方面发挥大作用：在质量研发管理过程中采用增强现实技术进行数字孪生和仿真建模，从而保证提升开发效率的同时，优化满足客户个性化需求的服务；在检验过程中创新智能化质量检验模式，使远程巡检成为可能，增强现实技术将协助检查人员将检查情况及时上传并系统性归纳分析，同步提升巡检效率与质量；在进行装配和维护等技术复杂程度较高的工序时，可在利用 AR 眼镜进行图像识别、信息比对的基础上，由远程专家将通过 AR 眼镜与现场操作人员实时沟通，并将大量难以理解的复杂要求或指南通过 3D 覆盖，与操作者视野覆盖范围叠加，直观形象地对存在风险的工作进行现场指导，并在操作出现失误时，自动识别报警，找到错误来源，提出修正方案；在进行产品介绍时，可以采用新型增强现实产品说明书代替传统说明书，将产品介绍与操作指南集中于一个 AR 眼镜中，客户打开眼镜便可全方位地观看产品外观、内部数据、使用方法等。除此以外，3D 场景将给予传统销售企业与客户连接的路径，通过增强现实进行线上线下联动，开辟与顾客连接的新方式，实现排除干扰数据的精准营销。

（2）应用于市场营销。增强现实技术对于市场营销的核心价值是创新了用户体验模式，在传统视觉、听觉信息灌输的基础上，增加了用户的交互方式，使用户的感官体验得到了质的飞跃。增强现实技术的引入允许用户获得更为丰富的信息。传统媒体广告方式传递的信息量受限于其自身扁平化属性，难以实现三维空间的大量信息传输。而增强现实技术突破了上述壁垒，让信息的传播维度由二维提升至三维，乃至更高维度。丰富的信息通常意味着更显著的传播效果、更全面的品牌形象树立、更多新用户的关注。增强现实技术还可以通过手机、平板电脑等电子产品生成虚拟环境，给予用户全新体验。身临其境的交互方式将给予用户前所未有的参与感、沉浸感、成就感。在带给用户更佳的消费体验的同时，频繁地交互将帮助营销企业收集更为详尽的用户资料、建立用户电子画像、精准了解顾客需求。在新媒体的助力下，增强现实在市场营销中的运用方式日益丰富，包括：开辟虚拟窗口，在透明的玻璃板中叠加虚拟数字内容，将虚拟世界与现实世界连接，强调参观者的用户体验；开发虚拟试穿、虚拟试用等增强现实软件体验的功能，在捕捉平面空间后，在平面空间中叠加三维立体图像，并以增强现实的效果展示，增强消费者直观体验，让消费者选择模式由"喜好主导"转变为"合适主导"，大幅降低售后问题数量。

6.5 全息技术

6.5.1 全息技术的概念

全息投影技术也称虚拟成像技术，是一种利用干涉和衍射原理来记录并再现物体真实三维图像的技术，属于 3D 技术的一种。全息投影技术只用肉眼就能在各种不同的视角下看到影像，而不需要佩戴 3D 眼镜或任何其他的辅助设备，所以全息影像属于真正意义上的三维立体影像。全息投影技术的原理主要包含两个方面：一是利用干涉原理记录物体的光波信息，即拍摄；二是利用衍射原理再现物体的光波信息，即成像。全息图就像是一个复杂的光全息网格，在相干激光的照射下，线性记录的正弦全息图的衍射光波通常可以产生原始图像和共轭图像。全息投影技术记录了物体上每个点的光信息，所以理论上能够重现原始物体的整个图像。

6.5.2 全息技术在经管领域的应用

（1）应用于应急供应链管理。当遭遇地震、海啸等自然灾害或遭遇重大公共安全事件时，供应链的供应能力会受到前所未有的挑战，此类事件发生后一般难以快速确定事故级别、事故性质、灾害等级，导致供应商无法根据实际场景特点制订保障方案和技术方案，人员、资源无法合理调配。全息技术的引入将使上述情况有所缓解，其可通过全息投影打造保障区域的三维模型，帮助供应商从全局高度出发进行沙盘指挥。首先构建该模型需要用无人机对目标区域进行航拍，确保采集图片能够实现多维度、全领域覆盖。其次对采集到的图片进行全息照片处理，利用相关图片的特征提取算法，寻找特征点的位置及尺度，进行聚类分析，剔除相似度高的图片，筛选出差异度大的图片。最后利用三维建模工具对多维度图片进行三维仿真建模，生成仿真三维地图。随后将重要的指标渲染至三维地图中，利用绘图工具制作模型贴图，导入 3D 引擎中进行场景搭建。全息技术帮助供应商实现了全供应流程的虚拟构建，在对供应时效性与供应链恢复速度要求极高的应急供应链中，该技术提升了供应中断节点的可视性，增强了供应全过程的可调整程度。在应急供应遇到未知突发情况时，可根据全息投影场景及时有效地进行响应调整，从而在提升应急供应速度的同时降低应急供应成本，并有望解决应急供应链长期以来存在的难开展、高成本、低时效问题。

（2）应用于新型商业谈判模式。伴随着电子商务的迅猛发展，线上谈判正在逐步成为企业主流谈判方式，传统的商务函件需要数天才能接收且容易受到运输途中不确定因素影响，信函传输速度严重阻碍了谈判流程推进速度。通过互联网进行谈判可在提升信函传输速度的基础上，让谈判双方通过移动终端设备实现线上面对面视频谈判。全息技术的引入将进一步丰富网络线上谈判的形式与内容，使谈判双方可以实现"实景面对面"谈判，在展示产品、合同谈判、差异化沟通领域有着得天独厚的优势。新型"面对面"谈判模式给予谈判双方仔细考虑对方提出要点及顾虑内容的时间，特别是那些谈判双方不清楚但又不能通过书面传递或通过视频进行阐述的内容。同时，全息技术的高效接入方式使谈判双方有时间同企业助手及机构领导进行充分讨论和分析。谈判过程中企业、客户都可及时掌握最新信息，有利于慎重决策并且大幅节约成本。节约谈判成本具体表现为全息技术允许跨地域"面对面"交流，在节约旅程费用的基础上，保证了谈判双方谈判时间、地点选择自由度，节约了大量时间成本。

7 预测决策理论基础

7.1 预测决策

决策理论是将第二次世界大战后发展的系统理论、运筹学、计算机科学等研究成果综合运用于管理决策问题，形成的一门与决策过程、准则、类型及方法有关且较为完整的理论体系。目前，决策理论已经发展成为以赫伯特·西蒙为代表的决策理论学派。决策理论中涵盖了与决策有关的概念、原理、学说等。"决策"一词通常指单个或者多个决策主体从多种可能的备选方案中作出对自身来说最优的选择和决定。预测则是一种统计或数据挖掘解决方案，其中包含各种以现有的结构化、非结构化数据为依据来确定将来结果的计算机算法和技术。

7.1.1 预测

预测就是依据过去和现在已经发生的事实预先测定或者推测未来。统计预测作为预测方法的分支，指的是在现有真实统计资料和信息的基础上利用数学和统计的方法建立数学模型推理事物的发展规律，对事物未来的发展结果做出较为准确的推测。

预测的重要作用就在于它能在真实的客观规律的基础上，比较准确地揭示客观事物之间的本质联系及其发展趋势，预见未来可能发生的各种情况，据此人们可以事先做出更为有效的决策。影响预测作用的主要因素有预测成本的多少、预测方法的难易程度、预测结果的精确程度，而预测过程可以分为以下五个步骤：

（1）确定预测目的。确定预测分析的对象、内容、范围和要求。

（2）搜索和审核资料。收集并整理归纳与预测对象有关的各种资料，分析与预测对象有关的各因素之间的相互关系。

（3）选择预测模型和方法。按照准确、稳定、简单的原则，根据预测对象及其特点选择定性或者定量方法进行分析。

（4）分析预测误差并改进预测模型。

（5）提出预测报告。

预测的方法丰富多样，依据不同的标准可将预测分成不同类别，如按预测方法性质，则分为定性预测方法和定量预测方法，定量预测方法又可大致分为回归预测法和时间序列预测法；如按预测时间长短，则分为近期预测、短期预测、中期预测和长期预测；如按预测时是否考虑时间因素，则分为静态预测和动态预测；另外，按预测是否重复，还分为一次性预测和反复预测。下面给出一些常见的预测方法：

（1）德尔菲法。德尔菲法也被称为专家调查法，于 1964 年被美国兰德（RAND）公司首次用于预测问题的研究，是该领域具有丰富的专业知识和直接经验的专家对研究问题做出判断、预测的一种方法。德尔菲法的特点为：反馈性、匿名性和统计性。

（2）主观概率法。与根据时间发展的客观性用数学方法统计出来的客观概率不同，主观概率是人们凭借主观经验、直觉或者预感而估计出来的概率。在很多情况下，通过主观概率来描述事件发生的概率比用客观概率描述要容易一些。

（3）回归预测法。采用一元线性回归、一元非线性回归、多元线性回归、多元非线性回归、逻辑回归等方法，形成针对历史数据的回归模型，估计回归模型的参数，并检验回归模型的优劣，并使用确定后的回归模型对未来进行估计。

（4）趋势外推法。趋势外推法又称为趋势延伸法，根据预测对象的历史时间序列表示的变化趋势确定预测值。实际预测中包含：多项式曲线趋势外推法、指数曲线趋势外推法、生长曲线趋势外推法、包络曲线趋势外推法以及曲线拟合优度分析。

（5）时间序列平滑预测法。时间序列平滑预测法包括简单移动平均法、简单加权移动平均法、线性二次移动平均法、一次指数平滑法、线性二次指数平滑法、二次曲线指数平滑法、温特线性与季节性指数平滑法等。

7.1.2　决策

决策是人们在实现既定目标的过程中，依照客观上的可能性和已有的信息和经验，借助相应的工具、方法或者技巧，对与目标实现有关的影响因素进行相对准确的分析、计算和择优后，确定未来的行动方案。决策具有目标性、优化性、选择性、实践性四个基本特征和决策主体、决策目标、决策对象、决策环境四个基本要素。完整的统计决策过程一般包含确定决策目标、拟定备选方案、选择方案、最终方案实施这些步骤。确定决策目标是决策过程的第一步，决策目标要根据问题的特点、范围、产生原因确定。一个合理的决策目标应该含义准确、量化描述、约束条件明确、兼顾可实现性与挑战性。拟定备选方案是根据决策目标分析其可能的实现途径。在此过程中，必须广泛收集与决策问题有关的信息，扩展思路，充分发挥决策者的经验知识、想象力和创造力，从多个角度拟定新颖、可行的实现路径。选择方案是对拟定的可行方案进行评估，最终选出一个最优的行动方案。评估主要是依据决策目标与价值标准确定方案的评价体系，必要时还需要进行敏感性分析。在方案选择过程中，最后的方案可能是上一步中确定的备选方案之一；也有可能是其中一个方案的改进或者几个方案的融合。最终方案实施是按照选择的最优方案的要求组织资源落实每一步举措。实施过程应该灵活变通、纠正偏差、及时止损。下面介绍几个常见的决策方法：

（1）贝叶斯决策方法。贝叶斯决策方法是在不完全信息下，估计部分未知状态的先验概率，利用贝叶斯公式进行修正求得后验概率并据此进行决策的方法。其中，先验概率是根据历史资料或主观经验判断确定的未经实验证实的概率，而后验概率则是通过贝叶斯公式用先验概率和似然函数计算出来的概率。在获得先验概率之后，贝叶斯决策首先开展预后验分析；其次确定最优决策的方法，搜集补充资料，获取条件概率；最后分别计算联合概率和边际概率，用贝叶斯定理计算后验概率并进行决策。

（2）"好中求好"决策方法。"好中求好"决策准则又叫乐观主义准则，是在各种方案的最大值中取最大值，将其对应的方案作为最优方案。该方法充分考虑可能出现的最大利益，表明决策者为了获取更大的利益而愿意冒风险。决策方法的一般步骤为：①确定各种可行方案；②确定决策问题将面临的各种自然状态；③将各种方案在各种自然状态下的损益值列于决策矩阵表中；④通过比较得到各个方案的最大效益值（或最小损失值）；⑤在这些最值中选取最大效益值（或最小损失值）对应的方案为最优方案。

（3）多目标决策方法。多目标决策是具有两个及其以上或者相互矛盾的决策目标，需要使用多种决策方法和准则对方案进行科学的决策或者对方案按照优劣程度进行排序。多目标决策呈现出两个比较显著的特点：目标之间的不可公度性与目标之间的矛盾性。不可公度性指的是这些目标之间不能用统一的标准来衡量，很难比较。矛盾性指采用特定方案改进其中一个目标时可能会使其他目标值达不到预期。多目标决策的具体方法有多属性效用理论、字典序数法、多目标规划、层次分析、优劣系数、模糊决策、神经网络、灰色关联度等。

（4）层次分析法。层次分析法是一种建立在递阶层次结构的基础上进行定性与定量分析的综合决策方法。它将复杂的决策问题分解成目标层、准则层和方案层，通过两两比较构造判断矩阵求得该层次元素相对于上一层次元素的优先权重，最终得到各个方案的综合评价值，其中最大评价值对应的方案即为最优方案。层次分析法的步骤为：①分析决策问题，建立递阶层次结构；②对各层元素进行两两比较，构造各层次的判断矩阵；③计算权系数；④对判断矩阵进行一致性检验；⑤计算各个方案的综合评价值，选出最优方案。

（5）模糊决策法。模糊决策法是利用模糊集合论把不能被量化的信息进行量化处理，再通过模糊集合的数学运算，将决策问题的目标用数学语言描述，将非定量决策变为定量决策的一种多目标决策方法。

7.1.3　预测决策在经管领域的应用

（1）应用于市场营销研究。预测决策理论认为，在竞争激烈、复杂多变的市场环境中，保证企业生存与发展的关键是能够计划与实施精准的市场预测与科学的营销决策。在该理论的应用过程中，企业基于对所能获取市场相关信息与各种重点资料的分析总结，同时采取定性与定量两者相结合的预测手段，事先推理与判定出在将来特定时间段内的市场活动变化规律，进一步得出企业在需求与供给量、产品价格等方面更加准确的预测结果；基于预测决策理论的市场预测结果，企业可遵循合理性、可行性、科学性等原则，准确制定出实现产品营销目标的重要策略。

（2）应用于经济学研究。在经济预测过程中，该理论应用的主要过程是，基于经济发展的历史过程与现实进展，结合详细准确的统计资料与经济相关信息，采取定性与定量相结合的方法，探析经济发展的变化规律，分析每一种经济情景之间存在的相关性与影响机理，根据已发生或了解的历史事件推敲未来可能发生但无法掌握的事件，最终揭示每一种经济情景和未来经济发展趋势的相关路径与结果；在经济决策过程中，该理论应用的主要过程是，遵循择优性、整体性、合理性等原则，采取实际可行的理论指导与相关方法，完整地考量主客观经济影响因素，在制定的经济方案库中确定出一个能够达到经济目标的最佳经济方案，从而实现满意的经济效益。

7.2 D-S 证据理论

7.2.1 D-S 证据理论的概念

证据理论也称为 Dempster Shafer 证据理论（D-S 证据理论），是一种信息融合算法。20 世纪 60 年代哈佛大学数学家 Dempster 经过研究如何利用上、下限概率解决多值映射的问题，第一次提出了证据理论，其后，他的学生 Shafer 引入了信任函数进一步完善。D-S 证据理论是一种属于人工智能范畴的不精确推理理论，最早被应用于专家系统中来处理不确定的信息。它的主要特点是：需要获取的先验数据比贝叶斯理论中的更加直观、容易，也不需要满足概率可加性；可以使用概率区间来直接表达"不确定""不知道"；可以将信度赋予假设空间的单个元素及其子集。同样证据理论也有其局限性：要求证据源必须独立；证据的合成规则缺乏坚实的理论支撑，其合理性和有效性难以保证；计算上会有指数爆炸的问题出现。

在证据理论中，证据合成是以 D-S 证据理论和置信评价框架为基础的算法，可以实现证据权重和可靠度的合理分配，将不同的证据源通过交子和算子进行组合，在准确融合高冲突证据的同时也能有效解决组合爆炸的问题。当前，已有学者将支持向量机、粗糙集理论、模糊集理论以及神经网络与证据理论进行结合，使得理论更加完善、可靠；也有人对证据合成方式、信任函数不断进行改进，确保证据合成效率不断提高，避免证据组合爆炸的问题出现。D-S 证据理论现在已经被广泛应用于多属性决策分析、信息融合、专家系统、风险分析、法律案件识别、目标识别、模式识别以及军事领域等方面。

7.2.2 D-S 证据理论的推理过程

D-S 证据理论从不确定的原始证据出发，推出具有一定程度不确定的和合理的或近乎合理的结论。在推理中，首先确定识别框架，对不确定知识的产生式规则的知识描述，求出每一条知识描述的基本概率分配函数，利用 Dempster 合成规则组合成新的可以反映这些融合信息的概率分布函数，再通过合成的组合概率分配函数计算信任函数、似然函数和类概率函数。使用 D-S 证据理论进行不确定性推理的过程如图 7-1 所示。

不确定知识的产生式规则表示为：IF E Then $H = \{h_1, h_2, \cdots, h_n\}$，$CF = \{c_1, c_2, \cdots, c_n\}$。其中，$E$ 是条件，H 是结论，CF 是每个结论对应的可信度量。描述获得

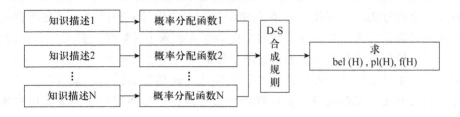

图 7-1 D-S 推理的基本模型

的概率分布函数为：$M(\{h_1\}, \{h_2\}, \cdots, \{h_n\}) = \{R(E) \cdot c_1, R(E) \cdot c_2, \cdots, R(E) \cdot c_n\}$，$M(D) = 1 - \sum_{i=1}^{N} R(E) \cdot c_i$。

$R(E)$ 表示证据（条件）的可信度，是证据不确定性的度量，在多证据情况下，表示被其他证据支持的程度，如果某个证据被支持的程度很低，通常来说这个证据应该被删除掉。根据同类证据得到的有差异的概率分配函数，可通过正交和的形式合成组合 MASS 函数：

$$M = M_1 \oplus M_2, \quad M_2(A) = K^{-1} \sum_{x \cap y = \theta} M_1(x) M_2(y), \quad K = 1 - \sum_{x \cap y = \theta} M_1(x) M_2(y)$$

7.2.3 D-S 证据理论在经管领域的应用

（1）应用于项目风险管理研究。目前，企业发展环境竞争日益激烈，企业关键项目实施能否按规划准确进行、能否获得期望效益都对企业的发展产生极为重要的影响，所以项目风险管理研究十分必要。D-S 证据理论以分析处理具有残缺性、模糊性、不确定性的信息为主，该理论在项目风险管理领域的应用正是针对企业项目风险实施以及评估过程具有的未知因素，从而引入证据理论中 FBD 这一概念，在性质不相同的对象之间建立一种二元优先关系，并将其在项目风险审查与评估过程进行合理应用，为项目风险审查提供一种实际可行、合理有效的方法，为项目管理者在风险管理中提供帮助与参考。

（2）应用于证券投资研究。由于每一位证券咨询专家自身见解与预测方法的不同以及证券市场环境的不断变化，最终证券市场发展趋势的预测结果会各不相同，证券市场的预测存在着不确定性。一般来说，将最终预测结果分别为上涨、下跌、持平的专家人数进行统计，并将同类预测结果进行整合，探索如何将专家预测相关数据中的价值信息深度发掘、提升预测的正确率，是证券投资决策所面临的关键问题。因此，可在证券市场预测运用 D-S 证据理论，首先把各个专家的预测结果作为证据样本，并将这些预测结果综合为证据合成问题；其次基于相关修正方法对具有对立性的预测结果进行更正；最后得到效果更佳的预测合成结果，从而为证券投资预测研究提供有价值的参考信息。

7.3 案例推理

7.3.1 案例推理的概念

案例推理（Case-Base Reasoning，CBR）通过重复利用过去的经验或解决方案来解决当前面临的问题，其核心假设为相似问题具有相似解。案例是一段带有上下文信息的知识，该知识表达了推理在达到其目标的过程中能起关键作用的经验。案例推理就是利用历史案例来探索目标案例的处置策略的方法体系。目前，案例推理在医疗诊断、法律咨询、工程规划等领域被广泛使用，这些领域都有共同的特点：没有坚实的理论支撑；知识难以表达；因果关系不易于梳理；但是经验知识丰富。

案例推理在一定程度上模仿了人的思维机理，综合了人的形象思维、逻辑思维和创造思维。并且案例推理实质上也是人的一种认知行为：面对新事物会产生联想，根据以往的知识和经验进行归类，找出与其相似的旧事物，将旧事物的解法适当修正之后再去处理新事物。对于比较简单的问题，案例的检索和匹配就是人类形象思维的过程；对于比较复杂的问题，很难通过简单匹配和检索找到与之相似的实例，一种可将问题分解为多个子问题，使子问题分别匹配相似的子案例，另一种可从不同角度出发，选取类似的子案例，最后运用逻辑思维和创造性思维把检索出的子案例进行集成，形成可以有效解决当前问题的方法。

案例推理为解决信息缺失的决策问题提供了新思路：首先，案例推理以案例作为基本知识元，直接使用已有的相似案例，使知识的获取难度降低；其次，案例推理将相似案例作为决策参考，不需要较多的规则和复杂的模型，避免了规则获取困难和不一致、信息丢失等问题，提高了方法的泛化性能；最后，案例推理的智能化程度可以通过新案例的增补实现，相较于专家系统和基于模型的推理方法，更为简单。值得注意的是，案例推理在索引方法的设计和优化、相似度算法的改进以及案例重用和调整等方面还存在问题，有待进一步研究。

7.3.2 案例推理的工作原理

一个完整的案例推理过程主要包含四个步骤：案例检索、案例重用、案例修正和案例保存，其解决问题的过程如图 7-2 所示。将待解决的新问题表示成案例的形式，作为目标案例；在案例库中检索与目标案例相似的案例，计算目标案例与案例库中相关案例的相似度，选择相似度较高的案例作为新问题的解决方案；若已有案例不能很好地解决新问题，就需要对已有案例进行修正，以便完整地解答新问题；最后将问题及其解答方式作为新案例保存在案例库中，以便于后续实现案例推理的增量式学习。此外，在案例检索中，案例表示、案例检索、案例重用以及案例库维护是核心问题。

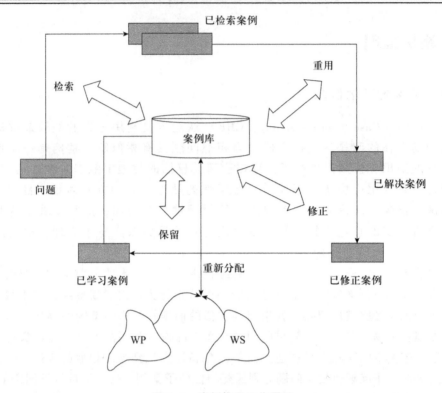

图7-2 案例推理工作原理

（1）案例表示。案例表示的完整性和一致性是案例推理的基础。一个良好的案例表示应该具备表达充分性、推理有效性、操作维护性和理解透明性四种特质。传统的案例表示方法有脚本、过程、框架和对象，但是这些方法表示的知识都是确定的。现实生活中人们对问题或者事物的分析、推理和决策活动大多是在领域信息不精确、不一致、不完整的情况下进行的，因此可以考虑采用基于粗糙集和模糊集的案例表示以及基于云模式的案例表示。

（2）案例检索。案例检索是案例推理的核心，主要是从案例库中检索出与目标案例最为相似的源案例，其与案例推理系统的速度和准确率有直接关系。案例检索通常包含三个步骤：识别并提取目标案例的特征、利用特征查找相似案例、按照案例的相似度大小将检索结果排序输出。特征提取时特征项权重的确定方法主要分为以决策者主观信息偏好或者自身经验为依据的主观赋权法、借用数学或者机器学习模型的客观赋权法以及综合专家经验与客观数据的组合赋权法。

（3）案例重用。案例重用就是把检索到的源案例复用到新问题中。在案例丰富的案例推理系统中，对于简单分类问题，会直接使用源案例的分类结果；对于复杂问题，则需要深入理解领域知识，对源案例的某一项或者整体的解答方式进行调整。目前，使用较多的调整方式有参数调整、知识约简。参数调整就是通过比较目标案例和源案例的特定参数，对局部信息进行调整。知识简约就是决策规则的重用，通过从整体上评估案例特征对解决方案的贡献度，选择出对解决方案有重要影响的特征项，省略对解决方案不产生影响或者影响较小的特征项。

（4）案例库维护。案例推理能够实现增量学习，若新案例的解决方案应用效果好，则需要存储新案例；反之，该案例就不会被收录到案例库之中。当案例库不断增大时，噪声案例的数量和案例冗余度都会增加。当案例推理系统运行缓慢并且案例存储成本超过预期时案例库就应该维护。案例库维护主要分为有过滤的案例库维护和无过滤的案例库维护。有过滤的案例库维护会彻底删除对整个系统无用的案例，限制案例库的大小；无过滤的案例库维护不会删除已有案例，会通过设定条件限制检索时匹配域的大小。

7.3.3   案例推理在经管领域的应用

（1）应用于突发公共卫生事件管理研究。突发公共卫生事件具有复杂性、突发性、不确定性等特点，为了能够使决策者精准地依据已发生的突发卫生事件的实施对策进行决策，可以采用基于案例推理理论进一步形成有关突发公共卫生事件紧急处理方案的生成方法。案例推理理论在突发公共卫生事件管理中的应用主要体现在：首先创建涵盖每个疫情阶段的突发公共卫生事件历史案例基因库；其次针对指标的不同数值分布特征进行区间划分，并求解对应阶段的重复度；最后计算综合相似度，从而获取具有参考价值的应急方案。

（2）应用于旅游规划管理研究。由于案例推理理论适用于复杂程度高的决策活动，该理论可应用于旅游规划的科学决策。案例推理理论在旅游规划决策中的应用，主要体现在：首先通过总结归纳国内外旅游规划活动相关理论与经验，形成旅游规划案例库，建立案例库管理系统；其次对需要解决的旅游规划决策问题，构建原始决策方案集；再次参照正反案例库，对原始决策方案集中的方案进行对比、评估、剔除、更正，同时完善规则库；最后当原始决策方案集的方案数量为一时，即说明此方案为最终决策结果。在旅游规划中所涉及的每个决策问题都拥有对应的决策结果后，可将这些决策结果整体归纳到新案例库。事实上，基于案例推理理论的旅游规划决策的关键是，如何实现旅游规划案例的准确描述与有效查询，从而获取数量较少但参考价值较高的类似案例组，为所要解决的目标问题适配必要的评价决策信息。

7.4   决策树

7.4.1   决策树概念

决策树是在获知各种自然状态发生概率的前提下，将决策问题及其分支表示成树的形式，根据决策点、策略点、状态枝和损益值计算各个方案的期望值来评价项目风险或者判断其可行性的一种决策分析方法。决策树将决策过程中各个阶段的结构使用图形来表示，是直观运用概率论和图论相关知识的一种图解法。决策树是机器学习中用于分类和预测的主要技术之一，它着眼于从一组没有规则的事物中推理出以决策树为表示形式的分类规则，整体表示对象属性和对象值之间的映射关系。在决策树中，每个子节点都是一个属性，每个叶子节点都是一个类别，因而从根节点到叶子节点之间的路径就是一条规则，整棵树就是一组表达式规则。决策树学习是一种有监督学习，基本思想是采用自顶向下的递归方法构建一棵以信息熵为度量并且熵值下降最快的树。

一个决策树的构造过程主要分为三部分，分别是特征选择、决策树生成和决策树的剪枝。特征选择就是在已经收集到的众多特征中选出一个最明显的特征作为标准将当前节点进行分支，分支后子数据集的纯度要低于原始数据集的纯度。根据特征选择方法的不同，决策树主要被分为应用信息增益的 ID3、使用信息增益比的 C4.5 和采用基尼系数的 CART 三种。决策树生成就是不断选择特征进行分支，创建子节点的过程，当每一个节点的数据都属于同一个类别或者没有属性可以再分割数据集时就停止该过程。决策树生成后，当出现决策树规模较大、发生过拟合的情况时就需要进行剪枝。常用的剪枝标准有最小描述长度原则和期望错误率最小原则。

7.4.2 决策树算法

（1）ID3 算法。ID3（Iterative Dichotomizer 3）算法是 J. Ross Quinlan 在 1986 年提出的一种经典的决策树算法。ID3 是基于信息熵的特征选择算法，采用递归的方式在每个节点选取待划分属性中信息增益最高的属性作为标准划分数据集，构造决策树。

在信息论中，熵是用来度量随机变量的不确定性，熵越大，随机变量的不确定性也就越大。在 ID3 算法中，熵刻画了任意样本集的纯度。设 S 是 n 个数据样本的集合，将样本集划分为 c 个不同的类 $C_i(i = 1, 2, \cdots, c)$，每个类 C_i 含有的样本数目为 n_i，则 S 划分为 c 个类的信息熵或期望信息为：

$$E(S) = \sum_{i=1}^{c} p_i \log_2(p_i) \tag{7-1}$$

其中，p_i 为 S 中样本属于第 i 类 C_i 的概率，即 $p_i = n_i/n$。

假设属性 A 的所有不同值的集合为 X_A，S_v 是 S 中属性 A 的值为 v 的样本子集，即 $S_v = \{s \in S | A(s)=v\}$，在选择属性 A 后的每一个分支点上，对该结点的样本集 S_v 分类的熵为 $E(S_v)$。选择 A 导致的期望熵定义为每个子集 S_v 的熵的加权和。权值为属于 S_v 的样本占原始样本 S 的比例为 $|S_v|/n$，即期望熵为：

$$E(S, A) = \sum_{v \in X} (|S_v|/n) E(S_v) \tag{7-2}$$

其中，$E(S_v)$ 是将 S_v 中的样本划分到 c 个类的信息熵。属性 A 相对样本集合 S 的信息增益为：

$$Gain(S, A) = E(S) - E(S, A) \tag{7-3}$$

其中，$Gain(S, A)$ 是指得知属性 A 的信息后样本集合不确定性减少的程度，$Gain(S, A)$ 越大，说明属性 A 对分类提供的信息越多。

ID3 算法本质上是一种贪心算法，容易构造决策树，但是其本身也有一些局限：①没有考虑到属性有缺失值的情况；②可能会发生过拟合的问题；③由于属性取值越多，条件熵就越小，从而导致信息增益变大，这就造成 ID3 算法更倾向于选择取值较多的属性；④只能应用于属性值为离散类型的数据集，若要对连续属性值进行预测，就需要使用 C4.5 算法。

（2）C4.5 算法。C4.5 是 Ross Quinlan 为了优化 ID3 算法而开发的一个用于统计分类的决策树生成算法。相较于 ID3 算法，C4.5 算法在下面几个方面做了改进：

1）按照信息增益率的大小来选择属性划分数据集，避免了属性取值的数量对决策树规则生成造成影响。

2）信息增益率就是信息增益与信息熵的比值：

$$CainRatio = \frac{Gain(S, A)}{E(S)} \tag{7-4}$$

3）在决策树构造完成之后采用 PEP（Pessimistic Error Pruning）剪枝法进行后剪枝，防止过拟合。

4）可以将具有连续型属性值的数据使用二值离散的方式处理。

5）采用忽略、赋值、建立单独分支等多种方法处理属性值缺失的数据。

C4.5 算法的流程如图 7-3 所示。

首先，创建新节点，判断训练集是否为空，若是训练集为空则终止生长；否则选择该结点的分裂属性。再判断训练集中的样本是否都属于同一个类别，是则将该节点划归到对应类别；否则继续判断该属性是否为空。若该属性值为空，则将其划分到包含样本数量最多的一类中，若是不为空，根据属性值的数据类型计算信息增益率。当属性值为离散型，直接计算其信息增益率，选择信息增益率最大的属性作为分裂点；当属性值为连续型时，需要进行离散化处理。离散化处理的步骤为：①将节点 N 上的所有样本数据按照属性取值升序排列；②采用二分法将属性值分成两部分，计算每个分裂点的信息增益；③计算所有二分结果下的信息增益率，选取最大值作为该属性的分类结果。

重复上述流程，直到所有属性均被分裂完成、节点内的数据均属于同一类别或者节点内样本量低于某一个事先设定好的阈值时，初始决策树便会构建完成。接下来便要进行剪枝操作，防止噪声数据造成过拟合，提高算法的泛化性能。C4.5 算法采用后剪枝方法，不需要构建剪枝集，在决策树生成之后，采用自上而下的策略通过剪枝前后的错误率剪去代表性较差的分支或者叶子节点。至此，一棵决策树就构建完成了。

C4.5 算法对 ID3 算法做了很多改进，其产生的决策规则易于理解且具有较高的准确率，能更好地处理现实生活中的多种分类、预测问题，在机器学习、知识发现、数据挖掘、金融分析以及生产制造等领域有广泛应用。

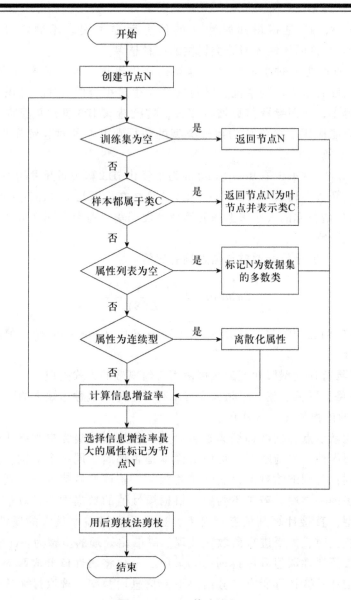

图 7-3 C4.5 算法流程

7.4.3 决策树算法在经管领域的应用

（1）应用于投资学研究。决策通常会与未来特定时间段内的未知或不确定因素有所关联，人们会遵循整体性、条理性、客观性原则，依据自身经验描述每一种备选方案，选择出最优方案，从而在投资活动中降低风险发生的概率、提高收益的稳定性。决策树算法分析一般是在不确定条件下进行的，所以在投资决策中使用决策树算法，能够确保获得经济效益最大化的投资收益。该理论在投资决策的应用过程中，需要全面地获取相关数据信息，咨询有关经验富足的专家、管理人员与技术人员的建议，多次检查和更正概率分配,从而使最后的投资决策能够拥有有效、准确的价值依据。

(2)应用于物流管理研究。在数量规模巨大的数据环境中,决策树算法被普遍使用,该算法可将具有无排序、无规则特点的事例集合以决策树的形式进行推理,最终得出有关分类规则。物流管理的有效实施本身就是物流仓储的目标,其通过合并整理资金流、物流、信息流,从而得到实现经济效益最大化的优质组合。在决策树算法的应用过程中,可对物流仓储进行分析预测,建立最佳的企业库存仓储模型,通过结合充分的历史经验与决策树算法进行的决策,从而提高物流仓储决策的准确率与科学性,改善物流企业在物流仓储决策方法上落后的局面。

7.5 随机森林

7.5.1 随机森林的概念

随机森林是采用随机的方式将多棵决策树集成起来建立的一个森林,其基本单元是决策树,各个决策树之间没有联系。随机森林本质上是一种集成学习方法。当输入一个样本时,随机森林中的每一棵树都会输出一个分类结果,随机森林集成了所有的分类结果,选择数量最多的类别作为最终的输出。若是将每一棵决策树都比喻成一个精通某个范围较窄领域的专家,随机森林就汇集了多个专家的知识,对于一个新问题,可以从不同的角度分析,集思广益,确定最终的结果。

随机森林继承了决策树简洁的优点,又具有灵活性,可以处理多种特征类型,构建的模型准确率高,性能方面表现也很优秀。随机森林具有如下特点:①准确率较高;②能够有效处理大规模的数据集;③能够直接处理具有高维特征的输入样本且不需要降维;④能够评估每个特征的重要性;⑤在生成随机森林的过程中,能够获得内部误差的一种无偏估计;⑥能够很好地处理缺省值问题。随机森林的构建主要采用递归思想,包含数据的随机选取、待选特征的随机选取两个方面。

(1)数据的随机选取。随机森林选取数据时采用有放回的随机抽样。首先,从原始的数据集随机选取样本构造子数据集(行采样),确保子数据集与原始数据集是同等规模。由于是有放回的抽取,子数据集内部、子数据集之间可能都会存在重复样本,而不会是全部的样本,可以避免过拟合的问题出现。其次,利用构造的子数据集训练决策树,每一个子数据集都会生成一个决策树。最后,这些生成的决策树就会形成一个随机森林,用于分类或者预测问题的处理。在如图7-4所示的随机森林中,包含有3棵决策树,每棵决策树都对应不同的分类规则,对于新输入的样本,数据集1和数据集2的分类结果为A,数据集3的分类结果为B,则最终的分类就是A。

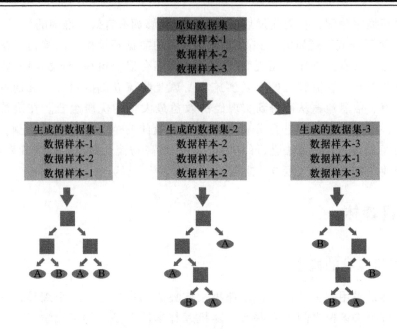

图 7-4　数据的随机选取

（2）待选特征的随机选取。随机森林中每一个决策树在进行结点分裂时，并不会用到所有的待选特征，而是采用随机的方式从待选特征中选取一部分特征（列采样）。接着在选出的这部分特征中采用相对应的策略（信息增益、信息增益率或者基尼系数等）选择最优特征作为该结点的分裂特征。这种做法在很大程度上保证了决策树的多样性，能够有效提升系统的分类性能。特征选取过程如图 7-5 所示，左侧为决策树选取分裂特征过程，右侧为随机森林子树选取分裂特征过程。

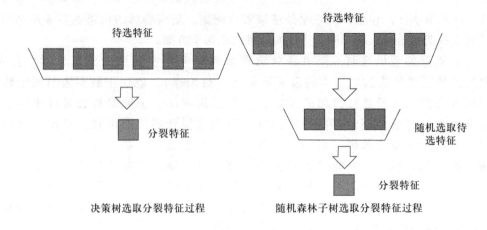

图 7-5　待选特征的随机选取

此外，在构建决策树的过程还有下面两点需要注意：完全分裂与剪枝。在随机森林中建立决策树时，需要确保每一个叶子结点无法分裂或者所含样本均属于同一类别。由于行采样和列采样的过程充分考虑了随机性，因而随机森林中的决策树出现过拟合的可能小，也就不需要进行剪枝操作。

7.5.2 随机森林在经管领域的应用

（1）应用于股票投资研究。在股票投资过程中存在着较高的收益风险，股票价格作为非线性时变系统，使股票投资预测具有很大难度，如何准确地预测股票价格变化趋势、最大限度地规避股票投资风险、实现投资收益的最大化是人们在股票投资过程中所面临的重要问题。通过应用随机森林算法，能够在更高的概率范围内预测股票价格的变动趋势，该算法以集成性作为算法特点，在处理分析数量繁多、覆盖范围大的数据集时，能够克服较大的信息噪声干扰，从而实现更精准的预测。

（2）应用于客户流失研究。在市场竞争日益激烈的环境下，企业通过满足顾客消费需求、提升顾客对企业的依赖程度，进而维持企业现有客户比例，客户流失预测逐渐成为企业关注的重点。为了能够在全球化的市场竞争环境中生存与发展，许多企业开始运用数据挖掘技术实现客户流失分析，典型的就有将随机森林算法应用于客户流失分析，其主要优势体现在该算法集成了抽样技术和代价敏感学习，与传统的预测算法相比，随机森林算法更加适用于解决大数据集和不平衡数据，具有相对较高的准确率。

8　物联网技术基础

8.1　物联网

8.1.1　物联网的概念

物联网是指通过各种信息传感设备与互联网相互结合而形成的一个巨大的、互联的网络，包括与射频识别（RFID）装置的结合，与红外感应器、GPS、激光扫描器等设备的互联。物联网的广泛应用可以将万事万物与网络连接起来，通过网络达到自动实时的识别、定位、追踪、监控以及触发响应事件。物联网具有全面感知、可靠传递、智能处理三大显著特征，其中全面感知是指物联网可以通过传感器获取多种类型、多种样式、多种属性的信息；可靠传递意味着物联网能够实现信息在传感器网络、互联网以及通信网络中进行准确、实时、可靠的交换；智能处理表征为物联网利用云计算、大数据、模糊识别等智能计算技术，对收集到的海量数据和信息进行分析和处理工作，实现对物体的智能控制。物联网的主要目的是通过服务网络，连接不同种类的网络物理系统，使人们密切互动和协调，既实现了对来自世界各地的逻辑进行智能分析和控制，也实现了互联网上实时数据的采集和交换。高效地使用利用物联网技术获取的信息和知识改变了供应商、消费者和行业利益相关者之间的关系。物联网技术还为网络商店、大数据分析和在线门户提供了使用云服务和存储的机会，并对生产生活产生了巨大的影响与冲击，被称为世界信息产业的第三次浪潮。

对物联网的发展起支持作用的核心技术主要包括射频识别技术、WSN 网络、红外感应器、全球定位系统、Internet 与移动网络、网络服务、行业应用软件等。其中，底层嵌入式设备芯片开发尤为重要，是整个物联网行业发展的基础。而无线传感器网络则是由多个部署在目标区域的廉价微型传感器组成的一个多跳自组织网络。传感器的广泛使用可以提高人与现实世界的交互能力，而无线传感器网络则使信息获取更为便利，可以完成对研究对象的实时监测，同时还可有效采集传感器分布区域内各种对象的信息，并将信息传送至相应节点进行下一步处理工作。

8.1.2　影响物联网发展的因素

影响物联网发展的主要因素有个人隐私与数据安全、公众信任、标准化、研究发展、系统开放五个方面，具体分析如下：

（1）个人隐私与数据安全。当前对网络安全的关注度逐年升高，用户常会面临个人数据被窃取的威胁，对安全性的考虑会影响到物联网的设计。另外，有专家提出，物联网的发展在一定程度上也会影响人们对个人隐私的看法。

（2）公众信任。物联网引发了人们对信息安全讨论的又一场浪潮，意味着如果物联网没有建立起良好的安全机制，公众便会降低对物联网的信任。基于此，在设计之初强调安全性很有必要。

（3）标准化。物联网能否得到有效普及的关键在于其标准化程度。当前物联网的射频识别、WSN 等核心技术领域尚未形成一套完整的国际标准，造成各厂家的设备无法兼容，难以实现互操作。物联网的标准化工作可以选用现有合理的一套标准，也可根据实际的发展状况建立新标准。

（4）研究发展。目前物联网的相关技术仍处在发展阶段，理论与技术均尚不够成熟，需要各国政府以及相关机构投入大量的人力、物力以及科研力量进行深入研究。

（5）系统开放。物联网最终要接受市场的检验，合理的商业运作模式以及投资可以促进物联网的发展，物联网技术的发展将推动物联网应用层面的开发以及各种系统间的互操作性。

8.1.3 物联网在经管领域的应用

（1）应用于物流管理。近年来，我国互联网技术的不断进步使得一系列购物网站逐渐兴起，电子商务也实现了飞速的发展，而物流企业由此迎来了良好的发展机遇。与此同时，随着网购交易量的不断增多，物流企业也面临着更为复杂的经营管理问题，这在一定程度上推动了物联网技术的迅速发展。当物联网形成产业化后，不仅优化了物流企业生产、入库、资源等方面的管理，而且还优化了各环节和流程，进而降低了运输、人工等方面的成本。物流企业的内部生产活动也存在着物流管理行为，如一些原材料、半成品等在经过一系列的生产活动后需要运送至加工处或者储存地点，此过程中通过物联网技术采集到的数据进行精确分析能够使整个生产物流环节处于企业的可控监督之下，从而可以随时随地地掌握物流状态，进一步提升整体物流管理的准确性。另外，通过对物资的物流状态的掌握能够对物流的时间、车辆、派送时间进行调整，由此大大地提高物流的自动化管理效率。

（2）应用于企业营销。传统的企业营销数据主要是源自人工收集，通过问卷调研、打电话等方式获取。即便后来运用了一些办公软件或数据平台，一些基础的数据仍然依赖于人工输入，因此数据信息的准确度并不完全可靠。而运用物联网技术则不会因为人为因素造成数据信息的错误，因为凭借物联网技术所产生的信息处理与传递过程完全采用了智能系统，保证了信息处理与传递的可靠性。物联网通过对大量用户数据的采集可以为企业营销部门分析市场提供重要的参考依据，也可以为企业的市场现状分析和企业的市场前景预测提供数据支持，从而使得企业营销部门能够更准确地把握市场走向。此外，物联网技术应用于企业营销中能够更有效地预测用户需求和提供解决方案，通过该技术所获得的数据可以帮助企业营销部门越来越多地了解用户的生活习惯，从而有针对性地设计与开展相关的营销活动，并帮助用户提前察觉到当前使用的产品已经过时，有针对性地推送出替代产品。在此基础上，物联网技术的应用还能够使得企业营销部门进一步分析客户的购买模式和行为，了解什么是最受客户欢迎的，从而根据消费者的喜好设计并提供相对应的购物体验，在提高客户的满意度和参与度的同时，预测企业可能发生的投诉事件，从而有针对性地解决消费者提出的问题。

8.2 模式识别

8.2.1 模式识别的概念

人们在接触某物或者某种现象时，会先收集与该物体或现象有关的所有信息，将其行为特征与日常生活中得到的、已知的信息相比较，若相同或者相似，人们即可完成识别。所以，与某个物品或者现象相关的信息，包括空间、时间等，就是构成此物体或现象的模式的重要组成部分。因此，广义上物体或者现象的模式就是某个时空中可观察的物体或现象，能够区别是否相同或相似。Watanable 曾给出模式的定义，认为模式是"与混沌相对立，是一个可以命名的模糊定义的实体"，日常生活中常见的指纹图像、手写草书、人脸等都可以称之为一个模式。将观察对象与模式之间相比较、匹配，进而确定对象所属模式的过程就称为模式识别。在模式识别中，人们通常习惯于将模式类简称为模式，将确定的模式称为样本。例如，在实际生活中，我们将"字符""植物""动物"等看作模式，将"一""树""猫"等视为模式所对应的一个样本，将具体样本划分到某一具体模式中，称为模式识别或模式分类。

模式识别诞生于 20 世纪 20 年代，随着 40 年代计算机的出现，50 年代人工智能的兴起，模式识别在 60 年代初迅速发展起来。模式识别和人类识别认知的特性具有一定的相似性，它通过对样本的特征信息进行处理和分析，判别多数样本与特征信息的符合程度，但由于有效提取的特征点少，模式识别技术还存在着"拒识"和"误识"的现象。随着相关研究的深入，人们发现模式识别在人类活动中承担着重要作用，是人类的一种基本认知能力，同时也是人工智能的重要组成部分。我们日常生活中时时刻刻也都在发生模式识别的过程，与机器相比，人类的模式识别比较简单，而机器要完成模式识别则相对复杂。若研究机器如何具备人的模式识别能力，首先要从人类的识别能力开始研究，建立模式识别的数学模型，使用符合需求的计算机工具，使得计算机可以模仿人类的识别行为。因此，模式识别可认为是让机器自主地观察周围环境，并从有效的环境中识别感兴趣的模式，进一步确定该模式的类别。

8.2.2 模式识别的类型与方法

对于模式识别的研究大多从两个方面展开：一是探寻生物体如何对周边对象进行感知；二是研究计算机如何根据实际需求，实现模式识别的理论和方法。按照事物的不同类型，模式识别行为可分为识别具体事物与识别抽象事物两大类。其中，对具体事物的识别常需要完成对相关时空信息的识别,空间信息包括指纹、气象图、照片等;时间信息包括波形、信号等。而抽象问题的识别常与一些概念逻辑有关,涉及某一具体问题解决办法的识别、一个话题或论点的识别等。

模式识别方法一般是基于模糊数学的概念、原理和方法,用于解决分类识别的问题。在进行模式识别之前,如果应用目的不同,分类识别的方法也会有所差异。在特征提取阶段,需要对基本任务进行分析,研究从众多特征中寻找最有效的特征,对特征空间的维数压缩。在特征空间中,若同类模式的分布越紧密、不同类模式之间差异越大,模式的识别也就越容易。因此,在进行特征提取等预处理阶段时,研究者一般以同类对象差别较小、不同类对象差别较大为行动准则,但是在现实生活中,用于描述对象的元素众多,提取特征也往往没有明显的分布,还存在得到过多特征的情况。实际研究中,为了节约资源,通常追求用最少的特征尽可能达到更高的识别正确率,这需要对特征提取和选择制定一定的准则,并应用于构造特征提取的函数与判别概率。机器要实现模式识别功能,在进行机器学习时需要对分类的学习策略和知识表示进行学习,将从环境中得到的信息通过识别转变为新的形式,产生新的分类识别的程序与规则,这种转变来源于学习策略,包括记忆学习、传授学习、类比学习、归纳学习等。要提高机器学习的识别精度则需要进行反复学习,采取多种方法对错误不断修正改进。

8.2.3 模式识别在经管领域的应用

(1)应用于财务管理。模式识别对各行业的影响正在逐步加深,其中包括财务管理行业。风险控制与内部监控是现代财务管理活动中最重要的两大方面,也是财务管理工作的核心。在实际财务管理工作中,大量应用了模式识别,这种智能化的模式能在较短的时间里,对财务工作的外部环境与目的加以识别。当企业遭遇经济危机时,利用模式识别技术可以快速识别出危机对企业财务管理工作所造成的冲击以及造成影响的原因,并在分析了相关的信息后,提出针对性的处理方法;也可以利用模式识别判断企业的运营结构,了解其内部运行机制;还可以利用模式识别掌握财务的主体活动、企业的运营监管,了解监管目的,以及监管所产生的影响。

(2)应用于金融行业。模式识别在金融行业的信息安全中得到了广泛的应用,特别是在移动支付融入人们的生活之后。与以往的密码支付相比,模式识别技术具有更高的安全性,模式识别技术已经成为移动支付安全的保障。在这个过程中,模式识别通常包括特征训练、特征匹配和特征识别,是通过机器学习和数据挖掘构造分类器来匹配和识别结构化特征向量的过程。其中特征训练是通过机器学习方法对用户注册阶段采集的生物特征数据集进行学习,生成生物特征分类器模型;特征匹配是将身份认证阶段提取的生物特征与用户注册阶段生成的生物特征数据库模型进行匹配,并计算二者相似度;特征识别则设置相似度阈值等识别准则,并对识别的结果进行接受或拒绝。具体来说,用户在线下交易时,首先商户通过用户刷银行卡来获取用户的账户信息,并通过信息采集终端获取用户的生物特征;其次商户将账户信息和生物特征传入金融机构，由金融机构完成模式识别、交易认证、账户管理和资金清算；最后金融机构将交易信息反馈给用户，由于不同银行的模式识别标准不统一，有时还会存在第三方可信机构，替代银行完成模式识别和交易认证。而在线上交易时，用户通过手机端完成支付信息输入、模式识别和交易认证，认证后由金融机构完成账户管理和资金清算。在基于模式识别的支付信息加密领域，模式识别技术还可有效避免传统短信验证手段潜在风险。

8.3 传感器

8.3.1 传感器的概念

传感器是一种能够将实体的各种属性转化为电信号或者信息量的感知类设备，用以满足信息的传输、处理、存储、显示、记录、控制等要求。传感器技术的发展大致可以分为四个阶段，分别为结构型传感器、物性型传感器、智能型传感器、分子型传感器。其中，智能型传感器具有自诊断、自适应的技术特点，分子型传感器的尺寸微小，由一个大分子或者几个小分子器件联合构成。而传感器网络技术通常是指大规模、无线、自组织、多跳、无基础实施支持的网络。它所涉及的节点价格低廉、体积较小、节点固定，随机分布在检测区域，工作时间长，重点实现指定范围内目标跟踪与检测。网络节点通过自带电池来供应能量，部署在各种复杂区域环境，具备网络自组织、节点众多、修复能力强等优点，在国防军事、环境检测、工农业控制、医疗卫生、防恐救灾、外层空间探索等领域都有极其重要的实用价值。

无线传感器网络以微机电系统、片上系统、无线通信和低功耗嵌入式技术为基础，具有低成本、低能耗、分布式以及自组织的特点，在很大程度上推动了信息感知技术的发展。无线传感器由部署在被感知区域的大量微型传感器构成，以无线通信的形式架构一个自组织网络。在物联网的实际部署过程中，由于布线的成本和难度，无线物联网的应用场景要远远广泛于有线连接式物联网。

无线传感器网络实际上提供了信息的收集手段，能够实时、动态、准确地监测、采集并跟踪探测区域的相关信息，并将信息传至相应的网关节点，便于工作的快速开展，同时也具有较强的抗毁性。无线传感器网络也是一种新的数据信息获取平台，由数据庞大且价格低廉的微型传感器节点自组织形成多跳无线网络。无线传感器网络的关键技术包括节点定位、网络安全、时间同步、网络协议以及节点能耗等关键技术。

传感器通常由敏感元件、转换元件、测量电路三部分构成，根据需求可增加辅助电源（见图8-1）。

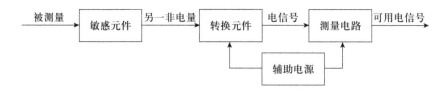

图 8-1 传感器组成示意图

敏感元件也称预变换器，是用于完成预变换的器件。在非电量向电量转换过程中，并不是所有的非电量都能直接转化为电量，往往需要先将非电量转化为另一种易于转化为电量的中间变量，再进而转化为电信号。为了使变量测量更为精确，需要保证测量质量，用于测量的敏感元件需要足够灵敏，并且抗外界干扰的能力要足够强。敏感元件与传感器存在一定的差异，传感器不仅需要对被测变量敏感，还需要对其响应电信号，以电压、电流、频率等形式作为输出。

转换元件是用于将敏感元件输出的非电量准换位电量的器件，在应变压力传感器中，弹性膜片作为敏感元件，可以将压力的变化转变为应变输出，传递给电阻应变片，再通过电阻应变片转换为电量输出，此过程中的电阻应变片就称为转换元件。通常，传感器中既包括敏感元件，也包括转换元件，但有一类特殊的传感器可以将敏感元件与转换元件合二为一，常见的有压电晶体、热电阻等。

测量电路可以完成将转换元件输出的电量转化为易于显示、记录、控制、处理的电信号。根据转换元件的不同，测量电路也可以划分为不同的类型。常见的测量电路有电桥电路等。

8.3.2 传感器的分类

传感器的数目多少依赖于被测量的数目，对于同一种被测量，还有可能采取多种传感器；反之，同一个传感器也有可能用于多个被测量的检测。因此，传感器种类的多样，也意味着分类标准的多样性。常见的传感器分类有以下几种：

（1）按被测量分类。被测量的不同，相应传感器也不同，若输入量是压力、温度、速度、湿度等非电量时，相应的测量传感器可称为温度传感器、压力传感器、速度传感器、湿度传感器。

（2）按测量原理分类。传感器的测量原理多为两种：基于电磁原理和基于固体物理学理论。按照变电阻的原理，传感器可以分为电位器式、应变式传感器；按照变磁阻的原理，传感器可以分为电感式、差动变压器式、电涡流式传感器；按照半导体相关原理，传感器可以分为半导体力敏、热敏、光敏、气敏等固体传感器。基于原理的分类方式是当前研究人员最常用的分类方式，可以有效减少传感器的类别数目。

（3）其他分类。传感器的分类还包括许多其他标准，既可以根据在检测过程中是否需要外界激励划分，也可以就输出信号的类型进行划分，下面进行简要介绍：

1）根据是否需要外界激励，可将传感器分为无源传感器和有源传感器。其中，有源传感器也称能量转换型传感器或换能器，其本身具有的敏感元件可以将非电量直接转换为电信号，常见的有超声波换能器，实现压敏信号与电信号之间的转换；光电池，实现光信号与电信号之间的转换。不同于有源传感器，无源传感器自身并不具备能量转换的能力，需要根据输入信号的不同改变自身的电特性，因此需要外界的激励源进行激励才能保证输出信号。常见的有湿敏电容、热敏电容、压敏电容等。无源传感器也可称为能量控制型传感器，其敏感元件需要更多的激励源，所以相较于有源传感器，需要更多的引线，且传感器的灵敏度受激励源信号的影响性较大。特别需要注意的是，激励源的存在可能使易燃易爆的风险增加，在特定场合使用时需要引起重视。

2）根据输出信号的类型，传感器可以分为模拟传感器与数字传感器。模拟传感器可以将测量所得的非电学量转换为模拟电信号。通过改变信号的幅度来改变信号中的信息，准数字传感器的输出为光波信号，该信号的频率以及占空比依赖于被测参量的变化。准数字传感器可以直接输入微处理器中，通过微处理器中的计数器直接得到相应的测量值。也就是说，微数字传感器与数字电路之间的兼容性较强可以促进各种业务的实现。

8.3.3 传感器网络技术在经管领域的应用

（1）应用于库存物资管理。在无线传染器的支持下可以对物资 RFID 标签进行识别，然后在数据库内查找到相应物品信息，并对信息进行录入。待物品入库后，RFID 库存系统会对该物品信息进行核实，如果确认信息错误后会自动发出告警信息，禁止物品入库。无线传感器还可以对 RFID 功能做进一步的拓展优化，将其应用到物资装卸设备上，为设备提供库存信息，更快地选择和到达空货位，待物资就位后系统内相应数字信息自动更新。

（2）应用于电子商务。传统简单的以货物送达为目的的物流模式已经越来越不能适应移动电子商务的发展，而通过 GPS、GIS 和 LBS 接收器来实现配送跟踪又使得成本过高不能广泛推广，因此具有低成本、低能耗、分布式以及自组织等优点的无线传感器则很好地解决了电子商务发展过程中的困难。利用无线传感器网络的定位技术可以实现物流业向信息化、实时控制、智能化和自动化的方向发展，另外，将无线传感器网络的定位技术应用到移动电子商务中，不仅有助于电子商务、无线网络技术、物流管理的能力和水平的提升，而且对计算机网络、大型软件开发框架设计、软件工程、移动电子商务应用、物流等理论知识都有显著帮助，甚至对整个计算机领域的发展都大有裨益。

8.4 射频识别

8.4.1 射频识别的概念

射频识别（Radio Frequency IDentification，RFID）是一种利用多种频段的射频信号

对目标进行非接触式监控与识别的技术，这种技术集成了无线射频技术与嵌入式技术，基于阅读器和标签之间通过非接触而建立起数据通信，从而达到目标的识别，是物联网技术当中的重要通信技术。射频识别技术主要通过将电子设备末端的数字信号及模拟信号进行转换，使转换之后的信息流能够及时地上传到物联网的各个环节当中，确保物联网信息的时效性。射频识别技术是自动进行的，不需要人工参与，可以在各种恶劣的环境下正常进行。相比于条形码，射频标签包含更多的存储信息，写入速度更快，在数十米之内都可以被识别，甚至可以嵌入被追踪的物体之内。由此可见，无线射频识别的优点在于具有较强的抗干扰能力、良好的稳定性、较高的工作效率，以及较大的容量等。另外，射频识别还可以识别高速运动的物体，或者同互联网、通信等技术相结合，实现全球范围内的物品追踪、信息共享。

射频识别主要由标签、阅读器和天线三大部分组成。其中，标签通常由耦合元件以及芯片组成，与居民身份证一样，各个标签也具有独一无二的身份识别编码，用于物品的识别，便于物品追踪与信息收集。通过将不同的编码在物体表面进行标记，使各个物体能够得到更加精细化的监控管理，同时，也利于与特定的读取器进行射频信号传递。阅读器用于读取或写入标签信息，常见的阅读器有手持式和固定式。天线可以完成标签与读取器之间射频信号的传递。射频识别的基本原理如图8-2所示。

图8-2 射频识别的基本原理

射频识别的基本工作流程为：读写器通过天线，按照一定的频率发送射频信号，形成一个天线工作区域，当射频卡进入该区域时就会感应出电流，激活射频卡，将自身编码标识等信息通过发射天线发射出去。系统接收到天线发送过来的载波信号后，再通过调节器传送给读写器，由读写器对信号进行解调与解码。主系统通过逻辑运算判断该射频卡的合法性，对不同的设定做出相应的处理。

射频识别可以实现应答器与阅读器之间的双向数据交换，应答器以对载波的负载调制方式将数据信息传送给阅读器，阅读器则以载波间隙、脉冲位置调制、编码调制等方式向应答器传送命令与数据。

8.4.2 射频识别系统的分类

射频识别系统可分为 EAS 系统、便携式数据采集系统、物流控制系统。

（1）EAS 系统。EAS 是常设置在控制进出口的射频识别技术，常见场所包括宾馆、校区、商店、机关单位等。当存在非授权产品或实体经过出入口时，系统就会发出警报。EAS 系统的广泛应用，可以极大地防止物品的丢失，同时也为顾客创造了更为自由的选购环境。典型的 ESA 系统通常包括电子标签（电子传感器）、电子标签灭火装置（保证授权商品的正常通行）、监视器（设置在出口起监控作用）三部分。

（2）便携式数据采集系统。便携式数据采集系统采用手持式射频识别读卡器来采集带有射频识别标签上的数据，便携性的特点使系统具有很强的灵活性，为不便于安装射频识别的场所提供了新的标签读取方法。在射频识别读卡器读取数据的过程中，可以将数据直接发送给主计算机，也可以暂时将数据存储于读卡器中，再分批向主计算机传送。

（3）物流控制系统。物流控制系统将射频识别读卡器分散部署在一定区域，其中射频识别标签安装在移动的物体或人体上，读卡器直接与计算机数据管理系统相连接。当物体或者人经过射频识别读卡器时，读卡器可以自行完成数据的采集并将数据发送至数据管理系统，进行信息的收集、存储、处理以及后续工作。

8.4.3 射频识别在经管领域的应用

射频识别技术在物联网中极其重要，是物联网的核心技术，该技术已经在过程控制管理、供应链管理、物流管理等领域形成规模化应用，并且还在以迅猛的速度继续发展，其具体应用如下：

（1）应用于供应链管理。供应链是指在生产和销售过程中，将生产的产品或服务供应给消费者所构成的整个网络系统。而供应链管理则一直是射频识别技术应用最为广泛的领域，虽然目前的工厂自动化技术已经逐步达到成熟的水准，但依旧需要大量的人工来完成许多烦琐的任务。例如，信息录入、仓库盘点和货物清点等，这些工作都是自动化设备无法完成的。而仓库的商品扫码也是如此，只能依靠人工利用扫码枪逐条录入信息，这样的操作既费时又费力，而且还增加了成本。此外，人工操作还有一些不容忽视的缺点，例如与机器相比人工操作的出错率较高，而且人在工作中还会因情绪和状态等因素而受到不同程度的影响，很容易在工作中出现不可预知的问题，但运用射频识别技术就可以很好地解决这些问题，这种技术将每件商品上录入了独立的信息和数据，这些信息和数据所包含的不仅是商品自身的属性信息，而且还有生产和销售信息。最早使用射频识别技术的企业是沃尔玛公司，该公司率先不接受未使用射频识别技术的供货商所供给的商品，并要求所有商品都必须粘贴电子标签，从而大大方便了货物的盘点、入库和再加工，提升了供应链管理的效率。但由于电子标签的成本比较高，而且还需要有强大的后台数据库作为支撑，因此该技术在供应链领域的广泛应用还存在着不小的挑战。

（2）应用于物流管理。以往的物流管理在运送货物时存在较高的风险，一旦发生意外就会出现货物丢失和误送等问题，不仅使物流配送效率受到影响，而且也使运营成本大大增加。而射频识别技术的应用可以明显改善这一现状，利用射频识别技术能够全面监控和追踪整个物流过程，被贴上射频标签的货物，在任何地方都能够被终端所识别，即使是在仓库中的货物，依靠射频技术也能快速定位它的所在位置，获取其存储情况和商品信息，从而提高了仓储的效率，进而提升了整个物流管理过程的效率。

例如，射频标签安装在装有货物的火车上，并将读写器安装在沿线站点，这样一来不仅能够实时掌握火车的行驶情况，还能够获知车厢内储存货物的信息，一旦发生紧急情况，就可以动态地调整火车的运行，这种模式大大提高了物流管理的效率。实际上，射频识别技术对海运物流管理的作用更大，目前各国的海运公司基本都在使用射频识别技术和卫星监控系统进行物流管理，利用这些技术，不仅可以实时监控海上运输的货物，控制集装箱的运送流程，还可以进行标签的远距离识别和多商品处理等，不仅极大地提高了分拣效率，也减少了因货物丢失而带来的巨额损失。不仅如此，在进行重要和危险物资跟踪或者在成千上万的货品中寻找特定商品时，射频识别技术也发挥了巨大的作用。由此可见，射频识别技术已经成为物流管理过程不可或缺的核心技术，利用这种技术可以在很大程度上提升企业的物流管理能力，进而提高企业所获取的利润。

8.5 条码识别技术

8.5.1 条码识别技术概述

条码是由一组按一定编码规则排列的条、空符号，用以表示一定的字符、数字及符号组成的信息。条码系统是由条码符号设计、制作及扫描阅读组成的自动识别系统，它是实现快速、准确并可靠地采集数据的有效手段。使用条码阅读器进行条码辨别，扫描后可以得到一组反射光信号，经过光电转换就可以形成一组与线条、空白对应的电信号，通过解码技术将其还原为相应的文字、数字，传送给计算机。

条码技术在当今的自动识别技术中占据重要地位，可以用于商业、邮政、图书管理、仓储管理、信息自动化管理、物流管理等领域。条码得以广泛使用离不开其所具有的输入速度快、可靠性高、采集信息量大、灵活性高等优点，而且制作简单，不限材料与设备，相关应用也易操作，无须进行专门的培训，条码设备价格也相对低廉。随着技术的发展，当前条码辨别技术已经相对成熟，读取错误率仅为百万分之一，首读率大于98%。

8.5.2 条码识别技术的分类

条码种类很多，常见的有二十多种，包括 Code-B 码、MSI 码、Code11 码、Code93 码、ISBN 码、ISSN 码、Code128 码（包括 EAN128 码）、Code39EMS（EMS 专用的 39 码）等一维条码和 PDF417 码、Code49 码等二维条码。

（1）一维条码。一维条码指条码条和空的排列规则，常用的一维条码的码制包括 EAN 码、39 码、交叉 25 码、UPC 码、128 码、93 码，ISBN 码及 Codabar 码（库德巴码）等。通常对于每一种物品，它的编码是唯一的，对于普通的一维条码来说，还要通过数据库建立条码与商品信息的对应关系，当条码的数据传到计算机上时，由计算机上的应用程序对数据进行操作和处理。因此，普通的一维条码在使用过程中仅作为识别信息，它的意义是通过在计算机系统的数据库中提取相应的信息而实现的。一维条码受自身容量的限制，所携带的信息非常有限。为了容纳更多信息，需要与商品数据库配合使用。如果没有对应的数据库，一维条码的存在也就意义不大，这一点也是限制一维条码向前发展的重要因素。一维条码制作简单，编码码制较容易被不法分子获得并伪造。另外，一维条码几乎不可能表示汉字和图像信息。

（2）二维条码。二维条码采用了计算机技术与信息技术，是一门将编码、印刷、识别、数据采集与处理集于一身的新兴技术，可以利用光电扫描设备来读取条码信息，实现机器的自动识别，再将信息输入计算机中进行进一步处理，完成自动化管理。二维条码可以实现将一维条码与其数据库信息的整合，通过读取条码可以直接得到相应的信息。除了具备一维条码的优势之外，二维条码在可存储信息量、可靠性、保密性、防伪性等方面都有巨大优势。二维条码依靠庞大的信息携带量，能够把过去使用一维条码时存储于后台数据库中的信息包含在条码中，而直接通过阅读条码得到相应的信息，并且二维条码还有错误修正技术及防伪功能，增加了数据的安全性。二维条码还可把照片、指纹编制于其中，可有效地解决证件的可机读和防伪问题。因此，广泛应用于护照、身份证、行车证、军人证、健康证、保险卡等。目前，二维条码主要有PDF417 码、Code49 码、Code 16K 码、Data Matrix 码、MaxiCode 码等，分为堆积或层排式和棋盘或矩阵式两大类。

二维条码具有广泛的应用空间，作为一种信息存储和传递技术，从诞生之时就受到了国际社会的广泛关注，经过多年的技术革新，而且已经在国防、公共安全、交通运输、医疗保健、工商业、金融业、支付管理等多个领域形成了一定的应用规模。

8.5.3 条码识别技术在经管领域的应用

条码识别技术把商品从生产到销售的整个过程串联起来，将此过程中每个阶段的信息都集中在一起，以方便查询商品的属性信息。而条码识别技术的应用不只如此，主要有以下几个方面的应用：

（1）应用于物流管理。条码识别技术目前已经被广泛地应用到了物流管理工作中，该技术在很大程度上改善了物流管理工作，大大提升了物流管理工作的质量与效率，并实现了对物流传送产品的快速扫描与精准分类，使物流管理工作可以变得更为准确和高效，促进物流行业的规模化与产业化发展。

具体来说，从商品生产时起，该商品的型号、款式等属性信息均可被赋码，利用条码识别技术对商品的每一个所需的零部件进行在线控制，以确保生产顺利进行，在生产过程中利用条码识读设备随时掌握商品的物流信息。到商品仓储时，通过条码识别技术获取商品的进出库数据，建立仓储管理数据库，使管理者实时掌握商品的库存信息，以便在物流管理工作中为管理者做出最佳决策提供准确的数据信息。在物流运输时，人工分拣商品的方式已经不满足日益剧增的运输业务量，而利用条码识别技术建立自动分拣系统能够大大提高工作效率，降低整体成本，即自动分拣机扫描商品条码，并将商品分拣到相应的出口，以此实现自动化管理。

（2）应用于信息自动化管理系统。商品的信息自动化管理已成为条码识别技术应用最广泛的领域，商品在入库之前被贴上条码，利用现金收款机作为终端机与主计算机相连，借助条码识别设备将商品上的条码符号录入计算机，计算机再从数据库中自动查寻对应的商品信息，通过识别商品上条码来获取商品价格、数量、名称以及所在位置等信息，之后再将信息反馈给收款机，就可以迅速完成交易过程，从而节省了交易过程的时间。此种交易模式在很大程度上改变了以往的交易方式，为人们带来了很大便利，也使商品零售方式发生了巨大改变。商品售出后，还可以随时查看各种商品的库存数量，并处理库存问题，使商家能及时掌握商品销售情况和市场动态信息。

9 现代通信技术基础

9.1 通信技术

9.1.1 通信技术的概念

通信是使用电波或光波进行传递信息的技术。该网络内部系统复杂且有序，并且包含了专业机构提供的硬件类通信设备和软件类工作程序等，从而达到为各类人群及机构提供通信服务的目标。总体而言，通信系统要求信息传输过程可靠且高效，同时还可满足传输成本低、传输距离远、发生到延迟的时间短、传输信息的私密性强、传输信息错误率低、通信不受时间地点限制等要求。

通信系统的构成较为复杂，一般模型包含以下几大模块：信息源、发送设备、信道、噪声源、接收设备、受信者。

信息源：信息源是信息产生的来源地，其主要功能是将现有信息转化为原始电信号。电话机、电视摄像机和计算机等各种数字终端设备是常见的信息源。

发送设备：发送设备对信息源产生的原始信息信号进行转化。在将信息源与信道匹配的基础上，使其在信道中传递时方便且快速。信息变换方式的种类有很多，在需要频谱搬移的场合，调制是最常见的变换方式。对数字系统来说，发送设备一般可以分为信息源编码与信息编码。

信道：传输信号的物理媒介。无线信道的信道可以是大气（自由空间），有线信道的信道则可以是明线、电缆、光纤。有线信道和无线信道均有多种物理媒介。

噪声源：噪声源是被视为各处噪声的集中化体现，各噪声在抽象后加入信道。值得注意的是，噪声源与信息系统的出现及消失是同步的，二者不可分割。

接收设备：完成发送设备的反变换，即进行解调、译码、解码等。从接收信号中识别并有效恢复相应原始基带信号是接收设备的首要目标。

信宿：作为传输信息的归宿点，信宿需要将恢复后的原始信号转化为信息。

其中，信息源、信道、信宿为通信的三要素，三者之间的关系如图9-1所示。

网络通信是当前最为常见的通信模式之一，其网络拓扑结构有三类：环形网、总线形网和星形网。

（1）环形网的连接模式是将设备连接为完整环状，任一设备发出的信号都能被环内其余设备接收。环形网的优势体现在其稳定性上，虽然简单环状网系统运行易被单一部件的损坏影响，但高级环形网则能有效避免这一问题的发生。

（2）总线形网络是将设备通过必要长度的网络通信链路（电缆）相连接，任意设

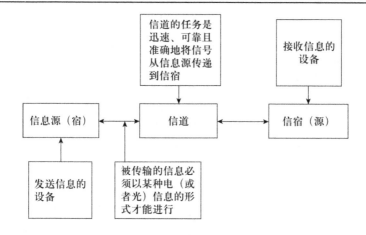

图 9-1　通信的三要素及其关系

备的离开都不会对剩余设备的运转造成影响。以太网是总线网络的代表，它为局域网的布设提供了标准。连接在总线上的设备将时刻监督并记录总线上传输的信息，以确保发送给自己的数据准确无误。当出现多个设备想要同时发送数据的情况时，载波侦听多重访问/碰撞监测（CSMA/CD）协议将发挥作用从而保证双方信息碰撞导致的负面影响最小化。

（3）星形网通过中心设备实现大量的点对点连接。在不同的通信网络中，这种中心设备也是不同的。例如，在数据网络通信中，中心设备一般是主机及集线器；在电话网络通信中，中心结构则为 PABX。星形网络的工作性能不会受到网络内设备的数量影响。

当前，实施通信的方式主要是模拟通信或者数字通信，两者传输的一般均为电信号，只是信号的形态前者是模拟信号，而后者则是数字信号。

（1）模拟通信。模拟通信技术的实质就是直接传输信源产生的模拟信号或经载波调制后传输的通信技术。模拟通信成本低、结构简单、技术熟练度高、出现时间早，但信号调制及传输质量不够稳定，易受外部干扰，主要应用于无线电广播、传统有线载波电话、电视（数字有线电视和卫星电视除外）。随着数字通信的普及，模拟通信已逐步被取代。

（2）数字通信。数字通信的信息源直接产生数字信号或将产生的模拟信号转为数字信号，随后直接传输或运用载波对数字信号进行调制以传输信息。数字通信传输质量高、传输过程稳定，能够有效控制错误率，产生的噪声也较少，可根据需求及时改变，传输内容涵盖范围广，与模拟信号相比更加安全（因数字信号更易被加密）。

9.1.2　通信技术在经管领域的应用

（1）应用于管理系统。通信基础技术可以应用于管理系统中的数据处理部分，提高管理系统中数据的传输速率，保证管理系统中数据传输的质量。通信技术的应用使该领域的管理越来越现代化，可快速获得信息和数据，并对获得的数据进行观察和分析，进而对出现的问题提出解决方案。典型的应用有：①应用于管理系统的预测功能。预测功能往往基于大量的数据，通信技术为这些基础数据的获取提供基础支撑，通信提高了数据采集能力，使计算机中的数据出现海量化、共享性的特点，增加了管理系统中数据的收集量。②应用于管理系统的决策功能。通信凭借传输过程、高速、高效的特点，可以提高管理系统的整体决策速度，减少决策的辅助时间。

（2）应用于企业管理。通信技术在企业的信息化过程中的应用主要体现在信息管理层面。企业中的计算机以及终端设备之间的信息的传输、数据的交换和资源的共享均以通信技术为依托。通信使企业向外发送信息和对内接收信息成为可能，使企业的信息传递更加及时、简单。通信的发展为企业的信息化管理提供了基础保障，提升了办公的效率，为信息的传输带来了便利。通信技术还可以应用于企业的即时通信办公中，例如企业的不同办公区域的员工可以通过视频会议的方式进行交流，完成声音、图像、文字等多种形式数据的共享，提高企业的办事效率，降低管理成本。

9.2　计算机网络

9.2.1　计算机网络的定义

计算机网络是以共享资源为目标进行互联且自治的计算机集合。早期面向终端的计算机之间互联，只是一种联机系统。但随着科技的发展，硬件价格的下降带来了终端智能化的普及，因而在"自治的计算机"和"终端"之间的界限也逐渐变得模糊。当微型计算机可作为终端使用时，早期面向终端的网络在定义上也符合了计算机网络的要求。

从用户的角度看，计算机网络是一个用户能自动管理网络操作的系统。整个网络类似于对用户透明的巨大计算机系统，用户所调用的资源都可由它调用完成。计算机网络还有一种较为通用的定义是：利用通信线路将地理上分布广泛的、独立的通信设备和计算机系统按不同形式相互连接，通过功能完善的网络软件及协议打造一个信息互联且资源共享的系统。

从整体角度看，计算机网络用通信线路将分布在不同物质环境的计算机与外部设备连接成为一个规模较大且功能丰富的系统。在该系统内，所有计算机可以自由地互相传递信息，共享包括信息、软件、硬件等各类资源。计算机网络可以被简单地认为是众多独立工作的计算机通过通信线路连接而成的集合。

9.2.2　计算机网络的类型

从地理范围对计算机网络做出区分是受认可度最高的方法。按此标准可以将网络类型由空间从大到小分为互联网、广域网、城域网以及局域网。其中，局域网与城域网的区别主要体现在涵盖区域范围不同，城域网是不同地区间的互联网络，而局域网只能包括较小区域。但是需要强调的是：这种划分方式并不存在严格的标准来规定各网络对应的具体地理范围大小，只是一个经比较后定性出来的相对概念。

（1）局域网（Local Area Network，LAN）：局域网作为人们日常工作学习中使用频率最高、范围最广的网络，普及率极高。一般单位或学校都有自身专属的局域网，甚至存在家庭内部小局域网。局域网对计算机数量以及配置并无过高要求，多达企业工作站内的上百台、少至家庭使用的两台计算机都可以使用局域网。该网络经过的距离一般不超过一千米并且多数情况下，局域网存在于小规模立体建筑中，网络层应用与寻径问题基本不会对它造成任何困扰。局域网对硬件配置要求低且连接较快，但缺点同样明显，如连接涵盖范围与服务用户数量有限等。

（2）城域网（Metropolitan Area Network，MAN）。该网络跳脱出了传统意义上的地理区域，以城市范围为基准建立网络。它采用 IEEE802.6 标准，并且比局域网拥有更多的关联计算机和更长的传输连接距离（距离一般在 10~100 千米）。在任意国际化城巾内部，一个城域网往往连接着多个局域网。得益于光纤连接技术的发展，城市内的城域网可以将政府的局域网、企业的局域网、医疗机构的局域网、学校的局域网串联起来，并使它们内部拥有高速互联的能力。

（3）广域网（Wide Area Network，WAN）。广域网负责将不同城市的局域网、城域网连接，涵盖的地理范围高达几千千米，远超局域网与城域网。传输距离的增加带来的是传输过程中信息的损耗，解决这种问题的最好办法是通过信息处理接口协议和线路将特制专用租线连接成网状结构。城域网宽带出口有限，但需要服务于大量终端用户。因此，用户整体连接速率有限，只有 9.6Kbps ~ 45Mbps，常应用于 CHINADDN、CHINAPAC 网。

9.2.3 计算机网络在经管领域的应用

（1）应用于企业管理。计算机网络在应用于企业的信息化管理中，常使用计算机技术采集信息资源，并将其统一处理，实现企业管理工作的现代化、网络化、信息化。企业信息化管理包括财务信息化、人力资源信息化、营销信息化等多项内容。在企业管理中，财务管理是保证企业的资金安全和稳定运行的前提。企业应用计算机网络技术，可对财务数据和财务档案进行有效核算，提高企业财务管理的安全性和准确性。应用计算机网络技术，一方面能有效地保护企业的信息资源，提高信息资源的可靠性，降低人工处理过程中的失误和误差的概率，提高信息资源的有效性。另一方面能辅助管理者收集和全面地掌握市场的动态信息，提高管理决策的科学性。在企业的信息化管理中，计算机网络亦起到监督和检测的功能。运用计算机网络的监督功能，可以对企业的各项工作进行调整，实现企业管理的系统化和动态化，及时处理数据和信息，减少企业管理的人力成本，提高企业管理的效率，推进企业的信息化建设，进一步增强企业的竞争力。

（2）应用于会计管理。计算机网络的发展推动了会计管理工作的发展和创新，使会计管理工作逐步向无纸化、智能化、信息化、多元化、开放化的方向发展。会计信息的重要性更加凸显，会计信息的重要性不断提高。在计算机网络系统的支持下，企业可采用开放式的架构对会计信息进行管理，使用 REAL 模式以会计管理工作的流程为对象，通过技能重组，将其作为前提对会计事务管理进行分类，并采用事件驱动的模式，将用户需要的相关视图和信息以会计报表的形式输出。计算机网络的运用使会计系统超越了传统的会计管理系统下的记账形式，使会计管理达到与财务管理统一的高度，使财务管理和会计核算相互集成、会计管理工作和财务管理工作协同运作。

（3）应用于金融业。金融业是带动经济发展的重要动力，计算机网络在金融领域发挥着重要的作用，承担着诸多的工作环节和工作内容，大大提高了人员工作效率。计算机网络凭借着其运算速度快、计算精度高、数据处理快和容量大的特点，在处理海量数据时有足够的优势。其在金融业中主要应用于数据挖掘、数据计算和数据传输。

例如，利用计算机网络提供的分布式环境展开数据计算，可提升运算效率，降低运算误差，实现对客户数据的快速分析和评估，展示客户对企业服务的关注度和使用率。利用计算机网络还可以进行企业机密数据传输，并缩短数据发送和接收的时间，提升企业信息的反应速度和安全程度。

9.3 移动通信

移动通信是指通信双方至少一方处于移动状态下的通信方式，它在现代生活中扮演了无法替代的重要角色。从早期信息的传输接收直至近年来从 1G 到 5G 的跨越，移动通信的发展经历了蜂窝通信、多媒体通信、宽带通信等多种通信模式。图 9-2 给出了 2G 到 5G 的移动通信服务功能。

9.3.1 1G："大哥大"时代

移动通信的诞生可追溯至 1986 年的芝加哥，其无线传输采用模拟式的 FM 调制，模拟信号在传播时利用高频载波频率替换 300～3400Hz 范围内的语音。1G 受限于其信号不稳、传输品质低、覆盖范围有限等缺点，一般只用于语音传输。

当第一代通信系统开始在国内投入使用时，大部分用户使用的是被俗称为"大哥大"的摩托罗拉 8000X。那时网络服务商体系并未成熟，只有 A 网、B 网之分，A 网由摩托罗拉运营，而 B 网则由爱立信负责。即摩托罗拉使用划分后的 A 系统内的 A 频段，爱立信使用划分后的 B 系统内的 B 频段。

9.3.2 2G：诺基亚崛起时代

从 1G 到 2G 的跨越体现了数字调制取代模拟调制的过程。与 1G 相比，2G 拥有了

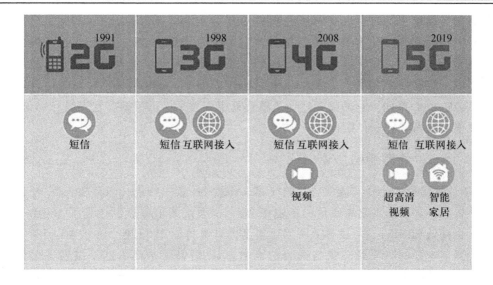

图 9-2 2G—5G 移动通信服务功能

更高的通信保密性，系统也能自如地处理更多客户通信需求。1995 年，国内通信业迅速走出了 1G 时代，也是从这个时间点开始，手机除了拥有通信功能外，新增了上网功能。在传递更好品质声音的同时，文字的传输史也就此拉开了帷幕。

1990 年，欧洲首次开发出了 GSM 通信系统，PDC、TDMA、iDEN 和 CDMA 都是这个时代的产物。诺基亚 7110 作为首款支持 WAP 的 GSM 手机，虽然在起步阶段的网络速度较慢（9.6KB/s），但它的出现意味着手机网络时代已经来临。

2G 主流的网络制式是 GSM、TDMA 和 CDMA。

GSM（Global System for Mobile Communication）：全球移动通信系统是全球范围内使用范围最广的成熟移动电话标准。GSM 是一个由 3GPP 开发的开放标准，拥有数字式的语音信道与信令是它相较于先前标准最独特的特点。

TDMA（Time Division Multiple Access）：时分多址是在将时间分割成周期性的帧的基础上进一步分割成细小的时隙来发送信号。接收信号的基站可以在大量信号涌入时对各终端的信号进行区分，从而保证不会混乱。基站向多个终端反向发送的信号将按照提前设置好的顺序在规定时隙中传输。

CDMA（Code Division Multiple Access）：码分多址的核心是一种扩频技术，该技术作为数字技术的拓展帮助 CDMA 成为了新兴且逐步成熟的无线通信技术。其原理是用带宽远大于信号带宽的高速伪随机码进行调制，实现对有一定信号带宽信息数据的有效传输。该伪随机码将在接收端被再一次使用来接收带宽信号，之后只需将带宽信号扩展成原始信息数据即可。

9.3.3 3G：CDMA 盛行时代

3G 作为开启移动通信新时代的重要标志，通过高频宽带来的稳定高效传输，使数据与影像传播更加自如。

3G 主流标准制式包括了 CDMA2000、WCDMA、TD-SCDMA 及 WiMAX。但世界范内受认可度最高的 3G 规格为 CDMA2000 与 WCDMA 系列。作为第三代通信技术的基础，CDMA 的优势及发展潜力极为明显，例如以英国、日本、澳大利亚为代表的国家使用 CDMA2000 系列，它的频率规划简单且复用系数高，不仅拥有软容量且容量极大，并且通信质量高、抗多径能力强。

9.3.4　4G：蜂窝通信协议时代

4G 是第四代无线蜂窝通信协议的简称，作为 3G 技术的进一步升级，4G 还包含了 WLAN 技术，从而提供超高质量的传输服务。4G 系统的下载速度达到了 100Mbps，上传速度也高达 20Mbps，与拨号上网相比速度提升了将近 2000 倍。因此 4G 拥有了能传输媲美高清电视的高质量图像与视频的能力。4G 网络信号几乎已经做到了无死角覆盖，当下移动电子产品都可支持 TD-LTE、FDD-LTE 的使用，甚至成为智能手机及平板电脑的标配。

国内的三大营运商也都顺利获得了工信部颁布的 4G 经营许可牌照，这标志着移动互联网的网速达到了前所未有的速度。4G 的主要网络制式有：

LTE：LTE 是基于 OFDMA 技术是由 3GPP 组织制定的全球通用标准，其内部包括频分双工（FDD）与时分双工（TDD）两种模式；

TDD-LTE：分时长期演进（Time Division Long Term Evolution）由 3GPP 组织涵盖的全球各大企业及运营商共同制定。

FDD-LTE：FDD-LTE 的发展速度与标准化都优于 TDD-LTE。得益于自身对不同无线技术及不同频段的快速适应能力，是使用率最高、涵盖终端种类最多的 4G 标准。

9.3.5　5G：高可靠体验时代

如果说从 1G 到 2G 是模拟时代迈向数字时代的突破，从 2G 到 3G 是语音时代到数字时代的跨越，那么从 3G 到 4G 则是在 IP 化基础上实现的数据速率爆炸上涨。

早在 4G 部署时代，5G 就已经成为行业发展的目标及重点，欧洲的 METIS 计划就提出要以高效系统控制层、动态无线接入网络、本地内容/业务分流和频谱工具箱作为支撑移动宽带、超可靠机器通信、大规模机器通信的关键技术。5G 技术作为最新的通信技术更是在前几代移动系统的基础上实现了进一步升级，5G 在面对各类差异化场景需求时不再只是使用单一技术，涵盖业务能力种类的增多使其可以满足不同场景下的顾客需求。我国 IMT-2020（5G）推进组发布的 5G 概念白皮书总结了 5G 时代顾客的需求及发展前景，针对使用 5G 的不同场景分别归纳了其需要应用的技术及面临的挑战，国际电信联盟则将 5G 正式命名为 IMT-2020。图 9-3 展示了 5G 的主要应用场景，图 9-4 则展示了不同场景下技术要求的转变及使用占比，5G 需要考虑的技术很多，包括频谱效率、连接数密度、流量密度、峰值速率与移动性等。

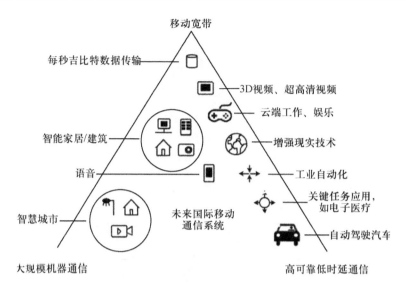

图 9-3 5G 应用场景

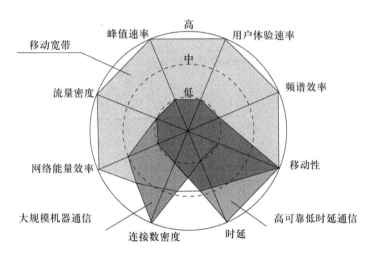

图 9-4 5G 关键技术指标

一般性的 5G 网络架构如图 9-5 所示，5G 网络所涵盖的不仅有现有成熟的网络技术，更多的是未来预计可能出现的功能网络与先进技术，包括认知无线网络、无线局域网、无线传感器网络、大规模多天线网络、小型基站、可见光通信、大规模多天线网络和设备直连通信等。在 5G 网络中，网络监控将在使用过程中全程保证高传输速度、低网络延迟和多场景的稳定持续服务。

5G 网络架构通过引入软件定义网络 SDN 和网络功能虚拟化 NFV 等技术保证网元功能与物理实体的解耦与控制、转发功能的分离。这样做的目的是给接入网提供多种空口技术，并形成支持多连接自组织等方式的复杂网络拓扑，进一步增强接入网和核心网的功能。

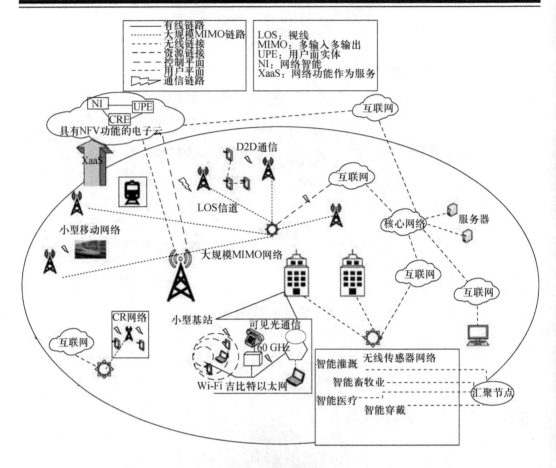

图 9-5 5G 网络架构

9.3.6 移动通信在经管领域的应用

（1）应用于电商行业。移动通信技术的发展为电子商务的普及注入了新鲜的"血液"，新型移动电商购物平台不断涌现。目前，移动电子商务主要包括移动营销服务、移动信息服务、移动商务服务、移动支付服务、移动办公服务等。移动电商可以为各商家提供新的全方位的营销方式：商家可以通过手机、电脑网站展示商品的信息，提高服务的效率、扩大客户范围，使服务客户不受区域的限制，24 小时提供贴身服务。另外，移动通信技术的提高促进了移动电子商务的支付功能的发展，用户以手机作为媒介进行银行卡消费，为手机小额支付创造了条件，当市民在出行、超市、餐饮、商场等场所进行消费时，只需要用手机在 POS 机上"扫一扫"就可以完成支付行为。

（2）应用于金融行业。随着移动通信技术的发展，越来越多的企业都开始进行自身技术的创新，给金融证券行业带来了发展与创新的机会。一方面，使用 MD5 等数据加密算法，可以保障移动设备在传输证券数据时的安全性、便捷性与稳定性。另一方面，用户可以在智能手机上使用已有的金融证券软件对个人的账户进行信息管理，并在移动设备终端上查询信用卡信息、理财产品信息以及查询信用卡的借贷情况、资金流向。另外，用户还可以通过智能手机可以进行股票、证券的买卖，为用户提供了足不出户的业务体验感。

（3）应用于交通运输服务。移动通信技术为交通运输行业的发展提供了坚实的技术基础。用户可以使用安装有 4G 网络移动通信服务软件的专用设备，进行信息的查询、发布以及订阅。例如在信息查询方面，用户可以在手机端进行菜单化操作，查询用户需要的物流运输信息。在信息发布方面，用户可以凭借移动设备将运输价格、货物信息、车辆信息发布到公司的业务平台，实现移动办公。在信息订阅方面，用户通过订阅各种业务信息，了解行业资讯、政策法规等信息，为运输行业提供随时随地的移动办公服务功能。

9.4 无线通信

9.4.1 蓝牙

蓝牙作为一种无线电技术，一般在 10 米内的短距离进行通信及使用。日常见到的所有无线设备几乎都能通过蓝牙进行信息交换，例如笔记本电脑、平板电脑、手机、无线音箱等。蓝牙能够拓宽无线通信并大幅提升传输速度，其核心优势是它能够简化设备与因特网的通信方式，使移动终端设备的通信连接更加简单有效。蓝牙在全球范围内的通用频段为 2.4GHz，支持全行业使用的该频段传输速度为 1Mbps，并可实现全双工传输。如图 9-6 所示。

（1）无线射频单元：接收并传递数据及语音，功率较低但使用范围有限，蓝牙天线体积小且重量轻。

（2）基带或链路控制单元：负责将射频信号转化为数字信号、语音信号，保证基带协议的实施及底层连接规则的制定。

（3）链路管理单元：实现链路的配置、建立，并进行验证，以保证蓝牙设备之间通信的持续稳定。

（4）蓝牙软件协议实现：大部分蓝牙设备都对核心协议有要求，面向应用的协议包括了核心协议及电缆替代协议、电话传送控制协议等。

不同蓝牙版本的区别为：蓝牙 1.0 的传输速率约为 1M/s；蓝牙 2.0+EDR 的传输速率为 2~3M/s，其中蓝牙 2.1+EDR 的最大特点是安全、简易配对；蓝牙 3.0+HS（高传输蓝牙）高传输速率为 24M/s；蓝牙 4.0（低功耗蓝牙）包括经典蓝牙、高速蓝牙和蓝牙低功耗协议，在蓝牙 3.0 基础上功耗更低，主要面向对功耗需求极低、用纽扣电池供电的应用。其中蓝牙 4.1 增加了物联网特性，支持批量数据交换率共存。同时蓝牙 4.1 也是当前使用最广泛的版本，广泛运用于智能家居、智能医疗等领域。蓝牙 4.2 最大的特性则是可以让多个蓝牙智能设备通过一个终端接入局域网或互联网。

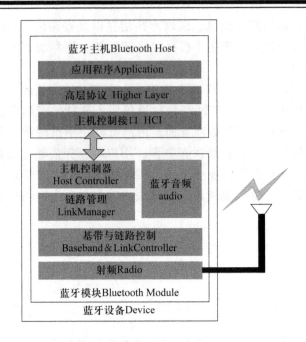

图 9-6　**Bluetooth 的系统构成**

蓝牙在省电、传输稳定、小巧、安全等方面皆存在优势。经过多年的发展，蓝牙技术已经非常成熟，被广泛地运用到手机、计算机等数码类产品和智能家居等方面。

9.4.2　ZigBee

ZigBee 技术能够根据用户的需求自由灵活地进行组网，具有良好的机动性，虽然其数据层、物理层协议为 IEEE 802.15.4 协议标准且安全层与网络层受到 ZigBee 联盟统一约束，但应用层可以基于用户需求及时改变开发方向与利用方式。

ZigBee 的工作频段可用 IEEE 802.15.4 协议标准予以区分，频段的信道数据根据自身传输速度与调制方式的不同被区分为三类，分别为 2.4GHz、915MHz 和 868MHz 频段。2.4GHz 频段运用自身 16 个信道是全球统一的科学、工业频段，在使用该频段进行工作交流的过程中无须提前申请或付费，该频段数据传输速率可达 250Kb/s。868MHz 和 915MHz 频段传输速度分别为 40Kb/s 和 20Kb/s，信道个数则分别为 10 个和 1 个。传输速率为 868MHz 和 915MHz 的无线电分别使用直接序列扩频技术和二进制相移键控（BPSK）调制技术。

在组网性能方面，ZigBee 凭借自身独特的星形和点对点网络结构获得了较大的网络容量，其自身的连接地址码为 16b 的短地址，设备容纳量为 216 个，拥有 64b 的长地址则最多可容纳 264 个网络设备。

ZigBee 设备普遍耗能有限，且设备的通信距离高达 70 米。在传输过程中，该设备实时监测能量链路质量并做出提示，根据这些数据及时响应并调整发射功率以保证自身的低功耗运行。ZigBee 技术的发展使无线通信技术在拥有操作简单、低耗能等性能的同时兼顾方便快捷，其特点如下：

（1）传输速率有限。ZigBee 适用于低传输速率相关应用，如收集温度、风速、降水量等数据，而视频等大数据量采集工作 ZigBee 难以胜任。

（2）功耗低。ZigBee 信号传输时长较短，设备处于工作模式的时长占比较低。并且在非工作模式时其节点基本都在休眠，因此耗电量几乎可以忽略不计。

（3）数据传输可靠。ZigBee 的介质链路层采用了碰撞避免机制。在这种机制的作用下，数据的传输请求应当被及时回应，其提高了传输可靠性，同时为需要固定宽带的通信业务保留了使用时间间隙，避免了数据传输的冲突。

（4）网络容量大。ZigBee 凭借其低功耗和短距离传输的特点，在简单器件工作过程中起到了无可替代的作用。特别是通过网络协调器组成的无线传感器网络可支持的网络节点数量将超过 65000 个。

（5）自动动态组网。无线传感器网络的操纵者可及时根据不同情况对节点做出调整，当节点无能量或被敌人获取时可让节点退出网络，同时也可以根据自身的需求随时加入新的节点。

（6）兼容性。ZigBee 技术与现存的控制网络标准基本可以做到无缝衔接，网络协调器可自主建立网络，并可通过 CSMA-CA 实现信道接入，保证转递质量、提供全握手协议。

（7）实现成本低。使用 ZigBee 协议并不收取专利费，且模块的初始成本可以在短时间内下降至 3 美元以内。

9.4.3 无线网络

（1）无线网络的概念。无线网络是以无线通信技术为基础搭建的网络。无线网络涵盖远距离无线技术与近距离无线技术，近距离无线技术主要应用于无线连接红外线及射频技术，远距离无线技术则为全球范围内的数据及语音网络建设奠定了基础。无线网络与有线网络的应用领域存在大量重叠部分，二者最本质的区别是传输介质的不同，无线网络与有线网络可以实现互相替换、互为备选，共同保证用户高质量使用。与有线网络相比，无线网络在普及度及被认知程度上仍存在较大差距。这是因为无线网络并没有传统有线网络的网线，是一种新的网络组建方式，但它拥有和有线网络相同甚至更高的网络服务水平。常见的无线网络形式有：

无线局域网：当需要在办公室或教室以外的区域工作或学习时，若使用传统有线网络将无法满足大量用户同时上网的需求，因为网络接口的有限及多网络线路的布局问题会限制可上网设备数。而无线局域网可轻松化解以上情况带来的不便。无线局域网可按照有无固定设施基础被分为两类，其中有固定设施通过提前建立并能形成局部覆盖的基础设施实现网络运行，而另一类无基础设施的无线网络则使用平等移动站间的临时通信网络。

无线个人区域网：无线个人区域网是将特定工作环境内属于某人的所有电子设备（包括便携式计算机、手机、平板电脑等）用无线技术连接成的个人专属的自组网络。该网络不需要使用接入点 APN，网络覆盖范围在 10 米以内。无线个人区域网看起来是以个人为单位使用的无线局域网，但其实质是一种范围、功率、价格都较低的电缆替代技术。

无线城域网：虽然有线网络构成的因特网已经足够成熟，但无线宽带便于安装、经济实惠、传输数据速率高等优势还是让人们对其趋之若鹜。无线城域网则是一种覆盖范围更为广泛的无线网络，它覆盖城市及其郊区范围，能实现多媒体、IP 等多业务的接入服务。其点到点链路的覆盖可以高达几十千米，可以提供支持 QoS 的能力和具有一定范围移动性的共享接入能力，可用来替代现有的有线宽带接入，也被称作无线本地环路。

（2）无线网络的优缺点。无线网络的优点：无线网络便于安装，不需要网线的辅助，可以根据自身需求及时调整网络布局，因此在安装过程中只需要安装一定数量的接入点即可替代先前布局烦琐、数量巨大的网线，便可建立覆盖区域的网络。无线网络中网络设备的布设将不会受到任何限制，在信号覆盖全区域内的任意地点皆可放置，扩展速度较快，短期内就可将小型局域网相互连接发展为大型网络，并且故障排查只需要对故障设备进行全面检查便可恢复网络正常运行。

无线网络的缺点：无线局域网在拥有众多方便且优秀的特性，但也存在部分不足。无线网络性能不稳定，传输速率较低，其传播的介质无线电波易被水泥建筑物、立交桥甚至树木阻挡。网络性能较为不稳定，无法适用于大规模的网络，只能在小规模局域网内自由使用。另外，无线信号传播过程中没有物理通道限制，因此整体呈发散式传播，在传播覆盖范围内容易被监听而造成信息泄露。

（3）无线网络的应用。无线局域网 Wi-Fi 技术是现阶段在无线网络通信领域中应用最广泛的技术之一，属于无线局域网中的通信技术方案。Wi-Fi 搭载无线局域网能够提供一个全球范围内通用、费用低廉并且数据带宽高的无线空中接口。网络用户可以在 Wi-Fi 覆盖区域范围内实现对网页的快速浏览，并支持流媒体、网络游戏等多元化功能。相较于蓝牙技术，Wi-Fi 技术具有更广阔的覆盖范围，并且在传输速率方面也有明显的优势。近些年，无线局域网在企业中的普及度不断提升，公司看重无线网络带来的便利，采用无线局域网代替有线网络对内部网络进行建设。伴随着无线局域网技术的提升，其带有 Wi-Fi 通信模块的产品在使用过程中的稳定性得以保障，价格也逐步下降，因此无线网络迎来了前所未有的发展前景。

9.4.4 卫星网络

卫星通信网是由一个或数个通信卫星和指向卫星的若干地球站组成的通信网，即由空间中飞行的飞行器、飞行器的构成元件、地面站为网络节点组成的空间网络，它和地面的网络不同，卫星网络的网络节点运动方式独特、网络规模少、网络节点和网络节点间距离比较大、可靠性要求严格。一般而言，卫星网络还具有以下四大特征：

自发现：自组织网络的网络节点可以自动检测到周围空间中的网络信号。

自配置：网络节点和网络节点间的通信链路能够自动建立，多个网络节点可以构成一个网络拓扑关系图。

自运行：卫星网络可以使数据通信服务更高效，而且对网络运行状态变化的随机性也比较适应。

自保护：空间自组织网络采用安全通信协议进行自保护，包括身份认证和安全数据通信。

根据不同的通信方式，卫星通信网分为模拟卫星通信网和数字卫星通信网。需要注意的是：模拟卫星通信网和数字卫星通信网不互通，但却能使用同一颗卫星及转发器。如果按照卫星的服务区域来划分，卫星通信网又可以分为：国际卫星通信网，为全球提供卫星通信服务的通信网；区域卫星通信网，为一定地区进行卫星通信服务的通信网；国内卫星通信网，为特定国家提供卫星通信服务的通信网。虽然卫星网络技术已经日渐完善，国际标准的建立也进一步为技术的使用提供保障，但仍存在可以改进的方面，具体如下：

延时高：大部分卫星通信系统都需要借助 CEO 卫星作为通道与地面进行通信。卫星在传播过程中充当类似于中转站的角色，将地面发送的特定频率信号通过自身转送至其他预先设定的地面基站，这样的网络架构被称为"弯管架构"，该传输过程的路由必须完全由地面承担。虽然，由于卫星之间无法直接传输数据导致了在传输过程中，所有数据必须经过地面再发送至下个卫星，因此每次传输都会增加相应的转发延迟，并且这样的延迟会在传输过程中不断累计。

带宽利用率低："弯管架构"导致"双跳"，"双跳"意为每次传输过程都将产生双倍的信息传输量，这将会导致宽带的传输通道传输负担加重，利用率降低。

通信成本高：卫星系统自身不具备路由功能，只能用地面基站予以辅助。当用户需要使用卫星通信时，必须花费较高成本对卫星特定链接进行租赁，因为任意链路只能同时进行一项服务，与此同时，卫星间的通信没有通用的 IP 技术直接导致了个人使用卫星通信的费用居高不下。

融合能力差：每个卫星系统都有自己专属的系统，统一标准系统的缺乏导致卫星系统无法像因特网一样将私有局域网互联，难以在融合各类服务后拓展出大型网络。卫星系统间的不可兼容性在很大程度上是由大部分网络系统含有的特定昂贵专利和卫星间特定链路导致的。

受限于上述的四类问题，卫星网络无法像因特网一样为用户提供方便快捷的网络服务，并且使用卫星网络的高昂成本制约了卫星网络的普及发展。

9.4.5　无线通信在经管领域的应用

（1）应用于物流仓库。在物流仓库中，经常需要布置大量的传感器设备对仓储环境进行检测和控制，ZigBee 技术应用于物流管理系统中，可以结合射频识别技术，对进出仓库的物资信息进行读写，快速地获取货物的种类和数量信息，并通过利用 Zig-

Bee 无线网络技术中的精准定位功能，使仓库终端的工作人员快速地获取货物的存放位置，提升了物流仓库的安全性，对于管理效率的提升也有积极作用。ZigBee 技术的应用成本比较低，有效地降低了物流企业的仓储成本。并凭借其功耗低的特点，提高了仓储环境中各种传感器设备的续航能力。另外，4G 技术的应用可以使物流信息的传输更加快捷、业务流程更加高效，但是随着社会需求的不断增加，4G 技术逐渐向 5G 技术过渡，这将进一步推动物联网的发展，使物流仓库管理及信息管理更加智能化。

（2）应用于资产管理。企业在发展的过程中，需要各类的仪器设备为企业的生产运作提供保障支持，这些仪器设备通常具有种类繁多、调度频繁、分布区域不集中的特点，传统的人工管理资产的模式常会出现账目与实际不符、效率低下、耗时长等问题。如今，无线通信技术逐渐融入了常态的资产管理作业中。

企业可为所使用的仪器设备在出厂的时候加装 RFID 系统的电子标签，即为每一台设备分配唯一的标识符，在标签内记载设备的各种基础信息，从而可通过无线接收器或者阅读器对企业的固定资产进行实时监控和信息采集，掌握仪器设备的位置分布和调动信息，并将其上传到中心服务器中。企业购买的设备在每次进行调拨、维修、出入库的时候，RFID 系统的无线读写器都会对设备的信息进行读取和分析，完成对设备的跟踪处理。

将无线通信技术应用于企业的资产管理能够摒除旧式管理的各种弊病，提高了资产管理系统的可靠性、保密性，使资产管理过程更加简单、易于操作。并且使用无线通信技术管理企业资产，能够使企业资产的清点更加及时，提高了资产清点的准确性，彰显了信息化管理的优势。

10 开发语言与技术

10.1 编程语言

计算机语言是人们与计算机沟通的桥梁，是人们向计算机传递信息的媒介。人们通过计算机语言编写的程序，向计算机下达指令、传递数据、完成计算或处理任务。计算机语言大体可分为三类：低级语言、高级语言、专用语言。低级语言包括机器语言、汇编语言和符号语言；高级语言有 Basic（True Basic、QBasic、Virtual Basic）、C、Pascal、Fortran、智能化语言（Lisp、Prolog）等；此外，CAD 系统中的绘图语言和数据库查询语言 SQL 则属于专用语言。

10.1.1 机器语言

机器语言是指一台计算机全部的指令集合，由于计算机内部只能接受二进制代码，因此，用二进制代码 0 和 1 描述的指令称为机器指令，全部机器指令的集合构成计算机的机器语言。机器语言编写的程序无明显特征，不便阅读和书写，且依赖于特定型号的机种，局限性很大。机器语言作为第一代计算机语言，属于低级语言。

机器语言存在着许多弊端，未能在计算机应用领域迅速推广。首先，机器语言运行需要考虑大量琐碎的环节，程序员不能在确保程序的正确高效运行的同时，兼顾设计开发活动，即使最出色的程序员，也不能统筹安排整个从设计到实现开发活动的全部流程，所以机器语言程序可靠性差，且开发周期长。其次，机器语言全部是由"密"码构成，可读性差、难以学习和交流，因此需要大量职业训练的程序员才能够胜任开发工作，不利于分工协作。最后，机器语言严重依赖具体的计算机设备，代码难以跨机运行，重用性差。

10.1.2 脚本语言

为了缩短语言的编写、编译、链接和运行过程，人们设计了脚本语言。在早期，脚本的每次运行都使用对话框逐字重复，因而经常被称为批量处理语言或工作控制语言。脚本语言几乎被使用在计算机系统的各层次中，而且运用十分广泛，如在网络游戏、字处理文档、应用程序的操作系统层中，都存在脚本语言的使用。脚本语言的运用已经发展得比较成熟，可以编写许多完成简单任务的自动化程序，但是与高级编程语言仍有差距。

脚本语言具有许多优点，它编程速度快、灵活性高而且文件所占空间小于 C 语言程序，但是由于脚本是解释执行的运行方式，这些优点是以牺牲运行速度和占用内存为代价的。大量编程实践证明，脚本语言十分适合当前的开发环境，随着程序员能力的提高和硬件成本的降低，脚本语言的编写优势相比运行劣势将更加凸显。

Python、R、VBScript、JavaScript、Installshield Script、ActionScript 等是典型的脚本语言，这些语言不像 C 或 C++编译成二进制代码以可执行文件的形式存在，一般具有大量的第三方资源，可依靠已有代码模块快速编写程序。其中，如 Python、R 语言等更是得益于丰富的模块，应用非常广泛，如在网络编程、游戏、系统编程、图形处理、多媒体应用、数据库编程、数学处理、文本处理等方面皆有应用。

10.1.3 汇编语言

随着 I/O 技术和计算机设备的不断发展，机器语言所依赖的穿孔纸带被磁带、键盘等替代，而且人们发明了助记符号（如 ADD、MOVE 等），在编写程序时这些字符串所表示的助记符号被用来替换二进制字符，这形成了汇编语言的雏形。汇编语言的出现解放了程序员，使代码编写者不再需要记忆 0、1 代码，提高了开发效率。

汇编语言能够直接控制计算机所有硬件，并发挥它们的特性，当技术人员需要精确控制机器硬件时，汇编语言是他们最好的选择。汇编语言使用汇编器把汇编语言原文件汇编成机器可执行的代码，MASM、TASM 等高级汇编器可用来编写面向汇编器的伪指令，实现结构化、抽象的高级语言功能，甚至在现如今的汇编环境中，Windows 应用程序完全可以通过汇编语言实现。

汇编语言与机器语言实质上都是对计算机硬件操作的底层语言，与机器语言相似，它们都不具有通用性，汇编语言依赖于具体的处理器结构，代码不能在不同环境下运行。但汇编语言不仅拥有机器语言的各种优点，而且由于采用了英文标识符，比机器语言更易识别和学习，便于编程人员读写、调试和修改。然而汇编语言的指令操作复杂度有限，只可对应一些简单的动作，如移动、自增等，程序员完成汇编程序需要根据每一步具体操作写出指令、伪指令和宏指令，所以相对于高级语言的代码量较大、容易出错。但是汇编语言能够生成更小的可执行文件，更快地实现一般高级语言不能实现的功能。

汇编语言被广泛应用在高级绘图程序、电子游戏程序以及大部分系统软件中，由于它既有机器语言直接简便的优点，又可以与高级语言共用，因此可以编写快速处理、位处理、访问硬件设备的各种底层程序，提高了磁盘、存储器、CPU、I/O 端口等硬件设备的控制能力。

10.1.4 高级语言

随着计算机技术的进步，计算机语言也随之进化，呈现出屏蔽机器细节、提高抽象层次的趋势。与紧密对接机器操作的机器语言和汇编语言等低级语言相比，不断出现的高级语言能够表达计算式和逻辑式，并将相关机器指令合并为单条指令，具有更高的便捷性。高级语言更为贴近人们使用的自然语言，省略了许多机器指令中的细节，如使用堆栈、寄存器等，而这些烦琐的操作与能否完成程序设计目的并无关系。因此，高级语言简化了指令，大大降低了编程难度，使程序员能够联系具体的事务逻辑编写程序，从而降低了学习专业知识的门槛，为大多数程序员所选择。

高级语言并不特指一种具体的语言，如流行的 Java、C++、C#、Python、Prolog、FoxPro 等，这些语言的语法、命令格式不同，但是都属于高级语言。高级语言程序也需要经过"翻译"才能被计算机运行：一种是解释类转换，另一种是编译类转换。解释类转换的原理是将转换与执行过程并行，这种转换方式的缺点十分明显，程序代码必须经过解释器才能"翻译"成机器语言，因此效率较低且不生成可执行文件。但是这种方式的优点是可以根据运行情况随时调整、修改应用程序，突出了灵活性。高级语言发展初期中的 QBasic 语言就使用了这种转换方式。编译类转换的原理是先转换（编译）再执行，编译过程生成了新的目标文件，可以快速实现脱离语言环境的独立运行程序，但是修改源代码后必须再次重复一遍以上过程，对代码修改和维护带来了一些不便。高级语言中，结构化语言和面向对象语言是最常用的编程语言。

（1）结构化语言。结构化程序设计思想早在 1965 年就已经提出，这种"面向结构"的程序设计原则要求划分出软件系统各个功能模块，每个模块单独编程后再组合成完整的软件系统。这种思想可以被概括为"自顶向下、逐步求精"的程序设计原则，即模块之间只能通过顺序、选择、循环三种控制结构连接，实行"单入单出"的控制结构，限制系统基本结构只存在唯一的入口和出口。按照这种原则设计出的程序，结构清晰易懂，便于修改验证，大大减少了出错率并且降低了维护成本。结构化程序设计原则可以表达成一个公式，即程序＝算法＋数据结构。在计算机语言的发展中，系统设计师开始关注系统整体关系的表述，新出现的数据模型技术重新定义了数据结构与算法之间的关系，这便诞生了面向对象语言的雏形。

（2）面向对象语言。在结构化程序设计语言中，C 语言占据了主流。为了能够直接描述客观事物关系，编程语言经过了漫长的发展阶段，在不断开发的过程中产生了面向对象的概念。面向对象语言是采用对象作为基本程序结构单位的高级语言，其提供了类、继承等成分，有识认性、多态性、类别性和继承性四个主要特点。在目前的开发环境中，C++、Java 等编程语言被程序员广泛使用，成为面向对象语言的代表。C++语言不仅继承了 C 语言灵活高效的特点，而且能够在保持最小损失的条件下，支持所有 OO 特征，尤其是能够支持多重继承、虚继承。

10.1.5　编程语言在经管领域的应用

（1）应用于货币金融。使用编程语言能够对金融交易情况进行模拟分析，也可以将编程语言应用到金融量化分析中，追求为投资者带来更大回报。随着金融行业信息化的深入，积累了大量金融数据，例如中国 A 股全市场股票一年的交易信息产生的数据量达到 10TB 左右，利用编程语言对这些交易历史数据按照量化策略逻辑进行计算分析，就能够最终转换为有价值交易信号。

伴随着智能手机的普及，利用编程语言开展的电子支付实现了更低成本、更安全的小额支付和资金转移，也为更多的人群提供了银行金融服务。此外，银行通过编程语言实现的数字货币能对抵押品进行定价追踪，消除抵押品多次抵押的情况，其构建的数字化流程也能够使得银行业降低成本、提高效率。

（2）应用企业管理。利用编程语言编写相应系统软件能协助进行企业决策、配置企业资源、建立并维持企业运营秩序。目前，已有众多企业使用了编程语言所实现的集成计算机制造系统（CIMS）、企业资源计划系统（ERP）、供应链管理系统（SCM）、客户关系管理系统（CRM）等来协助企业管理，以期达到"人机协调"，实现企业生产率的提升和高效的管理。

10.2 平面设计技术

10.2.1 平面设计的概念

在机械、工程等设计工作中，设计人员需要根据要求，将各种物体的形状，按一定比例和规则形成平面图，这就是平面设计技术。目前，在工作实践中广泛使用平面设计软件工具，主要有 Photoshop、Adobe Image、AutoCAD 等。从计算机技术角度来看，这些软件实质上属于一种用高级语言编写的绘图软件系统（程序包），它集成了几十个甚至上百个能够实现不同绘制功能的程序组，每个子程序组都互相独立，使用者通过操作系统调用所需要的部分，完成一幅图像或图形。

10.2.2 常用的平面设计软件

常用的平面设计软件有以下几种：

Adobe Photoshop：也被称为"PS"，从 1990 年逐渐发展为目前最流行的图像处理和平面设计软件，能够对数字图像中的像素分图层操作。PS 的设计十分经典，涵盖了图像编辑、图像合成、调色校色、特效制作四大功能，它可以将图像放缩、旋转或修补，通过图层叠加和其他工具将多种图像融合在一起，改变图像的亮度、对比度等属性以满足不同场景下设计要求，并通过滤镜或通道等工具将各种传统的艺术技巧在图像或文字创意设计中展现。此外，CorelDRAW、Freehand 也是功能强大的绘制平面矢量图的常用软件。

Auto CAD：Auto CAD 是工程专业设计软件，其使用人员不需要编程即可绘制出各种二维、三维图形，特别适合绘制机械、建筑、服装等领域中的图纸设计。Auto CAD交互性强的菜单和多文档设计环境是最显著的优势，设计人员只要熟练掌握各种应用功能和操作技巧，就能够成为一名高效率的工作者。在 2019 版本后，Auto CAD 逐渐向多元化、智能化发展，并形成了特殊行业开发的专用版本，这些特殊版本的软件包括了各种专业工具包组合，满足了用户个性化的需求。

3D Max：3D Max 是一款在 PC 系统上运行的三维动画制作和渲染软件。它的出现降低了工业级 CG 制作的技术门槛和资金限制，普通的制作公司也能承受采购软件和操作系统的费用。在后来的更新中，3D Max 开始从制作电脑游戏中的动画逐渐发展到电视电影中的特效，目前该软件涉及了广告设计、建筑及工业模型设计、动画设计、工程可视化等诸多领域。

另外，在工程项目中，常用绘制电路图的平面设计软件有 Altium Designer、Protel 等，而对于在公司文件中出现的流程图、网络图、组织架构图等概念图，则可以使用亿图图示软件绘制。另外，商业项目中的漫画插图则可以使用优漫、Comicstudio 等平面设计软件实现。

10.2.3 平面设计技术在经管领域的应用

（1）应用于企业形象策划。平面设计技术可代替传统设计方式对企业形象进行策划。利用平面设计软件的图像编辑、图像合成、校色调色及特效制作功能能够完成对企业的视觉形象、理念形象、行为形象的设计，并充分保证策划的企业形象能体现设计的设计意图。此外，商业性的企业广告等往往强调利用绘画技巧突出整体视觉效果，这就可以利用平面设计软件提供的绘图工具来融合图像与设计创意，提高企业整体形象。

（2）应用于商业设计。平面设计技术应用于商业动线设计、空间设计、布局设计等。为满足消费者的消费需求，并潜移默化改变消费者的消费行为，商业设计可以利用平面设计技术，开展商业空间设计、商业布局设计、商业规划设计、商业动线设计等，以把握不同消费者需求及习惯，追踪商业各种业态发展，进而制定完善的商品销售模式，为企业、品牌创造商业价值。

10.3 3D 造型

10.3.1 3D 造型的概念

人眼产生 3D 视觉的基本原理是偏光原理，即人眼在看任何物体时，由于两只眼睛在空间存在约为 5cm 的间距，左右两眼两个视觉形成的图像不完全一样。这种细微的视差通过视网膜传递到大脑里，就能显示出物体的前后远近，使人产生视觉立体感。

3D 影像技术正是基于视觉原理为 3D 造型设计工作打下了坚实的基础，技术研发人员可以通过对形状、强度、可塑性、工艺流程等材料特性的研究，进而创造性地将 3D 要素与力学、结构学等物理原理相结合，形成一门独立学科。这门学科既归纳出了造型规律和法则，又提出了新的逻辑观念，从基础造型的原有知识结构中突出了设计的专业性，既解决了共性问题，又解决了个性问题。

10.3.2 3D 造型在经管领域的应用

（1）应用于工业管理。随着以智能制造为主导的第四次工业革命的发展，利用 3D

造型技术打造网络空间虚拟系统——信息物理系统，能够推动制造业向智能化转型。3D造型技术能协助企业开展生产物流管理、增强人机互动、构建智能化生产系统、刻画网络化分布式生产设施，并结合物理模型、传感器更新、运行历史数据等，在虚拟空间完成映射，反映制造业生产的全周期过程，形成智能制造的数字影射系统。

（2）3D电子商务导购。信息技术驱动着电子商务领域的变革，推动网络经济逐渐向满足消费者需求转变。目前大多数电子商务网站上发布的产品信息往往是通过文字、图片形式向消费者展示，这些信息不能为消费者带来更丰富全面的购物体验，阻碍了电子商务的发展。随着信息技术的发展，通过3D技术构建的虚拟现实模型，能够将产品的功能、外观、质量、特性等信息，以动态的形式全方位展现在顾客面前，顾客甚至可以打开模型，查看产品的内部构造。例如在购买衣服这类体验型商品时，顾客甚至可以试穿虚拟现实模型，在商家的数据库中随心所欲地搭配心仪的款式。总之，3D技术使购物场景突破了物理空间的限制，极大地丰富了业态。

10.4 仿真技术

10.4.1 仿真技术的概念

仿真技术是应用仿真硬件和仿真软件，借助某些数值计算和问题求解，通过仿真实验反映系统行为或过程的仿真模型技术。仿真技术最先被应用在水力学研究中，其后随着先进工业突飞猛进的发展，航空航天、原子能研发领域也需要进行大量的模拟实验，这些需求进一步推动了仿真技术的发展。特别是60年代计算机技术为仿真技术提供了强大的工具，奠定了仿真技术的根基，逐渐建立了由仿真硬件和仿真软件构成的二元结构。

仿真硬件的核心是计算机，一般分为模拟仿真计算机、数字仿真计算机以及混合仿真计算机三种类型。模拟仿真计算机按照实验要求构建仿真模型，连接各种运算放大器，设置有关参数，并运算出仿真结果。如果想要调整模型还可以重新安排运算放大器的连接形式或者调整参数值。模拟计算机的特点是高度的人机交互性，而且能够生成时间比例可变的实时仿真结果，甚至实现超实时的仿真。数字仿真计算机借助其易于设计程序、可靠性高等特点使仿真的计算速度和人机交互性大大提高。通用的数字仿真计算机往往只能处理一般仿真问题，但是随着航空、航天、兵器、交通、能源等领域对仿真要求的提升，专用的数字计算机逐渐成为了主流工具。混合仿真计算机是联合使用计算机的工作模式，它将数字计算机高精度运算能力与模拟机的高速度运算能力结合起来，还具有存储能力强、支持逻辑运算的多种优点，但是由于搭建成本较高，只能应用在一些有特殊要求的系统仿真中。

仿真软件是与仿真硬件共同完成仿真任务的软件技术工具。快速发展的计算机算法、建模等技术，为仿真软件的发展奠定了基础。20世纪80年代中期，数据库技术首次被应用在仿真系统中，并逐渐成为了仿真软件的核心，随后在仿真系统中又加入了人工智能技术（专家系统），大大提高了仿真结果的实用性。目前仿真软件开始采用虚拟现实技术，VR-Platform 则成为了比较流行的虚拟现实仿真平台。一般而言，仿真软件的目标是帮助使用者与计算机交流，完成仿真实验任务，其功能主要是规范化处理源语言、编译纠错后源程序、执行并控制仿真程序、显示仿真结果、存储和检索模型和数据。所以，在设计仿真软件时应该考虑到使用者的技术水平、理解能力存在的差异，尽量采用贴近人们描述问题时的习惯表达。此外，仿真软件还需要不断优化、拓展面向问题、面向用户使用体验和面向模型试验的功能。

10.4.2　仿真软件的发展趋势

在仿真软件设计之初，往往受到当时技术条件落后的影响，因而存在着诸多有待完善的方面。尤其是在建立模型、实验设计、运行检验的仿真过程中，仿真软件的数值计算能力、处理能力和 I/O 特性一直是仿真软件发展的瓶颈。总体来看，仿真软件会不断提高描述问题、解决问题的能力，具体将呈以下发展趋势：

（1）向应用的全生命周期发展。随着仿真技术的进步，实际应用中的仿真需求也越来越多样化，因此仿真软件的发展趋势逐渐开始突破传统针对仿真对象的具体时间和单一阶段的仿真模式。以武器系统研发仿真为例，目前仿真软件不再仅仅着眼于传统的研发过程，而是发展到武器系统的生产、装备直至退役的全生命周期中。

（2）向简单易用发展。在仿真软件发展之初，仿真软件设计目的往往来源于专业领域的实际需要，因此只有那些具有专业领域知识的人员才需要学习使用仿真软件。现在仿真软件的应用范围不断扩大，大量普通技术人员开始尝试掌握仿真软件，这就要求仿真软件要向简单易用的大众化方向发展。

（3）向集成虚拟现实技术发展。仿真界面是仿真软件面向操作者最直接的部分。在仿真软件发展的初期阶段，仿真界面只能通过静止图形与人类交互，后来才支持动画形式的交互仿真。在 VR 技术开始应用在仿真软件平台后，仿真软件界面逐渐开始集成多媒体、虚拟现实技术，向人机交互的新领域不断拓展。

（4）向融合智能化技术发展。人工智能技术是目前计算机领域的前沿技术，在决策支持过程中可以通过大量计算模拟专家的思维过程，并在仿真软件中辅助建立模型、选择算法和分析结果。随着人工智能技术的发展，特别是 Agent 技术和 Multi-Agent 技术的发展，仿真软件的智能化程度必然将越来越高。

（5）向大集成大融合发展。仿真软件正在从传统的连续动力学系统领域，向离散时间、离散事件领域发展，并呈现出向复杂大系统发展的趋势。与此同时，仿真软件也在力求向功能全面发展。例如，Matlab 具有典型的图形交互式模型输入和优良的 Simulink 环境。该软件提供交互式编程，还为矩阵运算、数据处理、图形绘制以及 Windows 编程等提供了便利工具，是一个集自动控制理论、数理统计、信号处理、时间序列分析、动态系统建模等于一体的大集成仿真软件。

10.4.3 仿真技术在经管领域的应用

（1）应用于系统工程。仿真技术可以应用在众多具备系统工程属性的领域中。例如，交通仿真模型能够把交通流与交通质量作为特征变量，形成交通规划、设计、控制、建设工程等的数字化方案。再如，医学仿真模型把人体作为建模对象，可以模拟人的动作或者感觉，成为研究者探索生命机理、开发医疗模式的强大工具。另外，仿真模型也可以应用于旅游行业，预测景区未来发展前景，甚至与虚拟现实技术相结合，开发丰富游客体验的虚拟旅游模式。

（2）应用于生产制造。仿真技术在大规模生产中能够有效地节约成本、降低风险、保证产品质量、加快研发周期。在生产制造过程中，包括设计、研制、生产、使用、维护，仿真技术均扮演了关键的角色。首先，仿真技术可以测试设计阶段的实物模型，提前发现设计缺陷；其次，仿真技术可以帮助工程师发现生产流程中冗余的节点，提高生产效率并减少浪费；再次，仿真技术可以为质量管理过程提供保障；最后，仿真模型还可以评估产品的综合性能。

10.5 组态技术

10.5.1 组态技术的概念

通常由程序语言编写的工业过程控制系统，开发难度大、操作复杂、容错率低、兼容困难，难以达到实用的效果。随着集散型控制系统（Distributed Control System）的应用，"组态"的概念也随之孕育而生，它采用如同搭积木一样的"组态"方式，使技术人员能够比以前更加快速地使用软件模块工具开发出成熟且可靠的自动化系统。

组态技术的英文源自 Supervisory Control and Data Acquisition（数据采集与监视控制），因此采用组态技术实现的组态软件又被称为组态监控软件系统，其注重处理自动化设备管理过程中产生的计算机信号。组态软件具备控制系统监控层级别的权限的开发环境，可以灵活快速地在平台上自行构建实现监控功能的通用软件工具，被广泛使用在电力、给水、石油化工等需要采集、监控庞大数据量的场景中。

组态软件最大的特点是用户可使用现成的工具、方法，不需要编写程序就可以自己组装、配置所需要的软件功能，甚至为了完成工程中的个性化任务，使用者可以在原有软件的基础上进行二次开发，所以有时组态软件也被视为"二次开发平台"。组态软件的结构可以分为上下两层，下层是系统开发环境，是组态生成应用系统的基础环境，通过实时数据库，与位于上层的系统运行环境建立联系，将数据库中的组态结果在运行环境中解释执行。组态软件结构如图 10-1 所示。

图 10-1　组态软件结构

10.5.2　组态软件的功能及特点

组态软件是一种功能强大但操作简单的专用软件，主要面向自动控制系统中数据采集和监控的过程，使用者可以通过预设软件模块实现不同条件下的监控功能。

组态软件具有强大的界面显示功能，为用户提供了简洁友好的界面，降低了软件使用难度，满足实时多任务的功能要求。组态软件基于 Windows 环境中的图形功能，经过不断地完善，形成了可视化 M 型界面风格，即纵向三栏的设计。这种界面形式可以充分将丰富的工具栏纳入其中，帮助操作人员在界面中直接选择图形控件和工况图库，大大提高了开发效率。在扩展性方面，组态软件能与工控计算机及其网络系统兼容，并且支持市场上大部分计算机硬件，在系统中的控制层、管理层中，它可以为系统集成过程提供各种形式的全部接口。

此外，组态软件摒弃了繁杂的操作，为用户提供自定义设计工业界面的功能，可以任意编辑动画链接，制作出生动、实用的工业界面。随着控制系统中软硬件供应商的不断增多，组态软件需要支持的设备种类也不断丰富，系统逐渐呈现出"异构"的特点，因此开放性成为了评价组态软件的重要特征。在一般意义上，开放性强的组态软件能够与多种通信协议互联，联系底层数据采集设备，并向管理层传递数据，实现上位机与下位机的双向通信。除此之外，组态软件还配置了丰富的功能库和强大的数据库，不仅得以胜任实时监控、危机预警等现场测控任务要求，还能够记录并存储各种类型的数据，包括模拟型、离散型、字符型等，形成带有曲线分析图的功能报表，并能向外部设备输出分析结果。

10.5.3　组态软件在经管领域的应用

在存储罐的液体控制项目中，可以采用力控组态软件，设计两个键代替实际的启动和停止开关，再设计出一个存储罐和两个阀门，当单击开始按键时入口阀门不断地向一个空的存储罐内注入液体；当存储的液位快满时，入口阀门自动关闭，同时出口阀门自动打开，将存储罐内的液体排到下游；当存储罐的液位快空时，出口阀门自动关闭，入口阀门打开，又开始向快空的存储罐内注入液体，过程如此反复进行。同时，将液位的变化用数字显示出来。

在实际控制过程中，整个组态软件都用仿真 PLC 来实现，除了采集存储罐的液位数据，还能判断什么时候应该打开或者关闭哪一个阀门，实现控制整个系统的启动与停止。在该组态软件中，有存储罐液面的实时高度、入口阀门、出口阀门、启动按钮、停止按钮五个控制点，这些控制点通过液位模拟量、入口阀门状态数字量、出口阀门开关状态量和控制系统的启动与停止的开关量来实现。在力控组态软件的支持下，整个系统的运行过程，可以通过设计界面结构、确定组态变量参数、建立实时数据库、建立图像对象与实施数据库变量之间的动画联系来实现，其后即可通过组态内容分段调试投入使用。

11 优化理论基础

11.1 最优化方法

11.1.1 最优化方法概述

最优化方法是现代管理科学的核心理论和基石，它在数学方法的基础上对于各类系统的优化方法进行研究，并作为辅助手段对科学决策提供支持，其可以优化人力资源、物料资源、资金资源的管理方案，进而优化系统的性能。

最优化方法是在拥有一定数目的可行方案情况下，构造可以求出问题需要的最优解的方法，它通过数学方法构造模型，将实际问题进行抽象并解决。最优化方法囊括的内容较为广泛，其模型有线性规划、非线性规划、整体规划、几何规划、动态规划、随机规划、多目标规划、组合优化等，其中线性规划及其决策又可划分为一般线性规划和整体线性规划。而对于优化问题，计算机领域常用一些算法对其进行计算求解。这意味着，在一定的时间内，算法可以对一个规范输入，通过若干步骤运算，最终得到一个最优化的输出。若算法存在错误甚至是缺陷时，该算法不能求出待解决问题的解。若算法和待解决问题的匹配度不高时，该算法求出的解不适用于目标问题。算法因为其实现功能的操作次数、运行逻辑不同，在具体解决问题时，它占用计算机运行时间长度、计算机内存空间大小都会有所差异。评判算法优劣往往采用时间复杂度和空间复杂度。

当前，计算机技术和最优化方法日新月异，最优化的应用对象范围从硬系统（机械、电气、化工系统）扩展到软系统（生态系统、环境系统、社会经济系统），并在工程建设、国防科技、公共管理、经济调控等各类领域获得广泛使用。

11.1.2 常用最优化算法

常见的最优化求解算法有穷举法、贪心算法、分治法、动态规划法、迭代法等。因为各个算法的求解思路不同，因此其具备的特点各不相同，为求解问题选择算法思路时，需要综合考虑各种算法的时间复杂度、空间复杂度、准确性、健壮性等。

（1）穷举法。穷举法对于问题的求解过程非常简单，它将需要解决的问题的解全部罗列出来，一个接一个地判断解是否符合问题要求，最终穷尽所有解再结束算法，这样就能得到符合问题要求的解。例如需要破解一串六位数字构成的密码，则可以通过一个循环算法将 000000～999999 这一百万个数字序列依次尝试，最多进行一百万次密码判断就能破解出该密码。穷举法因为其计算量巨大，所以其难点之一就是减少试错时间。

（2）贪心算法。贪心算法是面向待解决问题局部最优解的简单、迅捷探索算法，其思路是逐步进行优化，常常通过当前情况作为基础，进而以某一优化维度作为最优选择。贪心算法需要针对问题建立评价标准，根据评价标准将多个输入进行排序，按顺序排名每次取一个输入，如果该输入和符合评价标准的部分最优解结合起来不是一个可行解，则该输入不进入部分最优解，由此可见贪心算法就是基于某评价标准进行分级处理，处理结果即为该算法求出的最优解。贪心算法求解过程避免了穷尽法那种寻找全部解所导致的时间浪费，进而更易于问题方案的求解，但忽略了某个解的整体情况，因此往往不会寻找所有解。由于贪心算法产生的最优解通常只是问题的次优解，所以应用贪心算法需要遴选恰当的评价标准。一般来说，遴选最适用的评价标准极其困难，但是选出最佳评价标准后，算法可以准确地对目标问题求解。

（3）分治法。分治法的核心思想是先分解再解决，分解是解决的基础，解决是分解的目的。分治算法把复杂问题分解为若干个子问题，循环往复。当分解获得的若干个子问题都易于求解时，结束分解问题的循环，这时原始复杂问题的解就是所有子问题解的结合。分治法适用的问题一般具有四个特征，即问题随着规模一定程度的减小，可以更加容易解决；问题可以被分解为诸多小规模的相似问题；问题分解得到的诸多子问题相互独立；通过子问题的解可以获得此问题的解。

（4）动态规划法。动态规划法在计算机领域和数学领域有着举足轻重的地位，适用于解决包含重复子问题的复杂问题。动态规划法将复杂问题分解成诸多类似子问题，借助于寻找子问题的解，进而构造成原始复杂问题的最优解。动态规划法设计的程序需要综合考虑问题性质的差异、约束条件等因素。因此，不同的问题使用动态规划法时，其构建的算法模型不尽相同。基于此，应具体问题具体分析后，构建恰当的算法模型，最终使用算法模型搜索最优解。

（5）迭代法。迭代法是一种特殊的方法，它通过一步一步地对某一流程进行内部循环，把复杂问题变为首尾相连的若干个小问题。这些小问题中任意一个问题的输出信息是上一个问题的输入信息。当问题求解迭代到最后一层时，获取子问题解并一步一步返回到上一个子问题中，即可通过逐步传递获得原始问题的解。随着计算机算力不断提升，迭代法以其简单的实现方法解决了诸多问题。例如，阶乘的计算，$5! = 5 \times 4! = 5 \times 4 \times 3! = 5 \times 4 \times 3 \times 2! = 5 \times 4 \times 3 \times 2 \times 1!$，当计算机接收到计算 $5!$ 时，迭代算法会一步一步剥离 $5!$，最终迭代到 $1!$ 时计算机易于算出答案，进而用 $n \times (n-1)! = n!$ 公式一步步回推出 $5!$ 的答案。

（6）分支定界法。分支定界法是一个使用难度较高的算法，需要使用者根据问题设计出不同的解法，其用途十分广泛。分支定界法适用于内含若干条约束条件的最优化问题，通过搜索全部可行解空间找寻最优解。随着该算法的不断执行，全部可行解空间会分解为诸多分支子集。每次分支后，所有界限超出已知可行解的子集群不会继续参与分支。通过这种方式，规避了许多子集的搜索，缩小寻找最优解的搜索范围。该流程循环往复，找到可行解时算法终止。分支定界法适合解决组合优化问题，且通过分支规避了部分分支的搜索工作，其时间复杂度要比穷举法小、求解效率高。

（7）回溯法。回溯法是一种选优搜索法，它需要定义选优条件，在执行过程中依据选优条件推进搜索进程，通过不断按照选优条件搜索最终找到最优解。如果在某一步的搜索过程中发现达不到最优解，就退回到上一次选择的节点（回溯点），换一条分支继续搜索，直至求出最优解。回溯法寻找某一问题的全部解时，需要回溯到根节点并搜索全部分支，而求任意一个解时，只需要在某一分支上求得一个解。

11.1.3　最优化方法在经管领域的应用

应用于企业管理。最优化方法是关于某个事务的最优化设计，企业作为一个整体可被看作一个特殊的"系统"，其管理的内容涉及人力、物料、资金等各类资源，目标是实现所有物资高效利用以降低成本、增加收益。以生产制造全流程优化控制为例，其主要以优化模型为基础，结合实际生产制造情景，在分析以及实验的基础上对过程管控和系统规划进行优化，实现生产力的最大化应用、提高制造效率。对于人力资源管理，企业的主要期望则是花费最低成本、完成所需任务，因此需要结合对不同部门人员的能力特征分析，基于最优化方法实现人员的有效配置。另外，考虑到资金是企业顺利运行的"生命之源"，该项资源的合理配置直接与公司的利益直接挂钩，故而需根据实际情景采用最优化方法将资金合理配置，使资金能迅速回流以产生更大效益。

11.2　贝叶斯网络

11.2.1　贝叶斯网络的概念

贝叶斯网络是结合概率论和图论，构建而成的不确定性推理工具。贝叶斯网络同时使用定性表示和定量表示，分为网络结构和网络参数两部分。定性表示部分是网络结构，定量表示部分是网络参数。贝叶斯网络结构是一个有方向、无回路的网状结构，该网状结构可以将节点间的两种关系（条件独立关系、概率依赖关系）描述，其线段方向代表节点间的因果关系。贝叶斯网络参数负责表示所有节点和其父节点之间的依赖程度，使用条件概率分布表度量依赖程度的强弱程度。贝叶斯网络是定义在变量集上的一个二元组，其分别为变量之间概率依赖关系的有向无环图和每个节点相对于其父节点集的条件概率分布表，该二元组量化表示了父子节点之间的概率依赖程度。贝叶斯网络结构囊括了各个变量间的条件独立性，意味着贝叶斯网络中各个节点在确定其父节点的条件下独立于其非子孙节点，而知识表示则根据网络中变量间的条件独立性将联合概率分布进行分解。贝叶斯网络和人工智能领域的其他模型对比，具有以下特点：

（1）贝叶斯网络使用概率分布将不确定性的关系度量，同时清晰地描述了因果语义。其使用了定量和定性相结合的表示方式，统一将联合概率分解成局部条件概率以表示节点间关系，降低了知识表示的复杂度。

（2）贝叶斯网络有机结合了定性和定量的表示方式，但是定性和定量表示部分都可以独立记录信息。贝叶斯网络的结构有助于在建模过程中归纳因果。同时，其条件独立性能够辅助网络参数的快速获取。

（3）贝叶斯网络模型包含的推理算法适合计算局部条件分布。而贝叶斯网络的图形则可以转化为连接树，该树的结构能够对不同概率的新证据完成搜索工作。

11.2.2 贝叶斯网络在经管领域的应用

（1）应用于投资决策。基于贝叶斯网络的优化方法主要采用条件概率，对事件产生的前因后果进行推理，整个过程更直观，其中的学习机制采用分布式、图形化模型表示，可解释性较强。例如，有学者采用动态贝叶斯网络模型探究了天然气产品的价格决定机制及波动趋势，由于该类产品与时序性相关性较高且受多种因素影响（如温度、供求关系、金融市场、生产能力等），数学建模过程较为复杂，故而选择图形化的贝叶斯模型，整个建模过程可描述为：采用分布式表示从起因开始实现对结果的推理，当某一结点的祖先节点（历史时间点）状态确定时，对该节点的条件概率进行计算，并考虑突发事件的影响，据此构建天然气现货价格动态因果网络图，其直观地展示了各因素之间的联系，为天然气行业的投资决策提供了科学的理论依据，进而辅助解决了由于价格难以确定而导致的成本管理困难的问题。该项研究的成功主要是因为贝叶斯网络中节点间的变化会传递，节点和节点之间存在连锁反应，某一个节点的变化会致使其他节点发生变化，从而带来了最优的推理预测能力，并且通过图形的表示方式描述数据之间的关系，使得易于采用用户理解和接受的方式处理各类不确定性信息，可解释较强。

（2）应用于运筹学研究。资源调配问题一直以来是运筹学领域的研究重点，尤其是针对突发事件的分析，合理的资源调配策略可以挽回不必要的财务损失，甚至可以保护公众生命安全。例如，有学者考虑到极端灾害对配电网安全的威胁，以防灾资源的分配弹性为研究目标，将贝叶斯作为基本的工具，利用各个随机变量的因果关系可以被构建成有向无环概率图的特性，且考虑到配电网开环运行方式与该图相似度较高，因而将贝叶斯网络应用于因果推理的计算，据此建立了"灾情推断—停运概率计算—防灾资源优化配置"模型，充分考虑了负荷量、重要程度和停运概率，以风险最低为优化目标，求解得到了电网防灾资源调配方案，为灾前电网物资的调配提供了决策支持。

11.3 熵理论

11.3.1 熵的概念

熵和信息熵都用来度量某种事物的混沌状态的概念，只是熵的适用范围较大，而信息熵适用对象只有信息。熵的概念演化出信息熵，这是熵概念泛化出更多形式的起点。在熵理论中，信号源可以看作是概率系统，其发出的信号就是概率系统中所有可能的随机事件，按照这个思路熵概念就可以度量信号源发出信息的不确定性。信息熵则是度量信息的单位。

从生命科学到自然科学再到社会科学的各个科学领域，均蕴含着诸多不同层次、种类各异的随机事件的集合，每个集合都有其混沌程度（不确定性、无序性），信息熵都可以丈量其不确定性，进而为研究其规律奠定基础。因此，熵理论可以应用到物理学、农业学、医学、航空到哲学、历史、神学等诸多知识分支。

11.3.2　熵理论在经管领域的应用

（1）应用于决策系统的优化。决策支持是管理学研究的重要目的，随着人们智能化需求的提高，机器学习作为人工智能的一个重要研究方向被各专家学者所广泛关注，其中决策树、随机森林是分类算法中的代表性模型，随机森林是决策树的"优化版"，两者的底层原理一致，主要面向离散型数据，将所有样本的属性特征作为决策树的各节点，根据样本来估算总体，"建好"决策树后，就可根据新的样本特征来预测新样本结果。其中节点的划分策略就可采用信息熵计算方法，即针对每一个特征分别计算"负信息熵"据此来选择最优的特征作为"分叉"节点，因此，信息熵是决策树的构建的基础，对于构建最优的决策系统具有重要意义。

（2）应用于市场营销。精准营销对于企业来说至关重要，该类策略主要是对客户的特征进行分析，构建一定的分类模型或者聚类模型对客户价值营销能力进行评价，该过程中，最重要的就是设计合适的特征，由于各个特征对于客户评价结果的影响是不同的，因而信息熵的主要作用就是衡量信息的混乱程度，可对不同指标进行权重设计。例如，有学者将熵权法应用于汽车新用户画像时各个指标的赋值中，使得权重计算更加科学，用户画像更加准确，据此企业就可以结合不同的特征制定挽留措施，实现客户精准营销，优化企业销售方案。

11.4　马尔可夫链

11.4.1　马尔可夫链的概念

马尔可夫链是概率论和数理统计中具有马尔可夫性质且存在于离散的指数集和状态空间内的随机过程。这里，马尔可夫性质是指给定一个随机过程，如果知道该随机过程在某一时刻所处的状态，且以后时刻的状态情况跟过程之前的状态情况没有关系，也就是说，马尔可夫性可以表述为在已知现在的条件下过程将来的变化跟过去毫无关系。马尔可夫链可通过转移矩阵和转移图定义，它具有马尔可夫性、不可约性、常返性、周期性和遍历性。基于马尔可夫链的决策过程是一个能够从某个显著状态转移到任意其他可能的状态的系统。马尔可夫链在推测未来的可能状态时，只需要得到现阶段状态，并且不需要以前阶段状态信息，因此在每一次迭代时，仅需要在可选事件决策集合中选择某一个决策，该决策会决定事件发展的好坏情况和下一次迭代过程中的转移概率。通过转移矩阵的运算，马尔可夫决策模型可以让决策者优化决策，达到某个事件的整体利益最优化。

11.4.2　马尔可夫链在经管领域的应用

（1）应用于资本流动风险研究。马尔可夫链主要是采用状态转移矩阵实现对事物发展状态的逐步预测，即每一步的选择都选择最优的结果。例如，为了探究跨境资本流动风险预警体系，该种模型中由于每一个转移节点的结果都可根据历史数据计算得到，故而既可综合分析整体风险，又便于局部研究，也可动态识别风险的拐点。因此，有学者经过比较分析各种预警模型的优劣选择了马尔可夫模型处理连续变量，借助马尔可夫链来对变量信息的动态变化特性进行准确识别，寻找风险状态转换的成因。

（2）应用于信息管理系统。随着人们对智能化需求的提升，以物联网为核心的各种穿戴设备、车载网络等获得了广泛关注，但该领域研究的最大瓶颈之一是由于物联网设备处于移动的状态，而数据的上传下载任务需要通过网络实现，因此会产生连接不通畅导致任务传输过程中数据丢包、网络时延问题，为了更好地管理该类数据信息，满足移动用户需求，有学者采用边缘计算网络资源的分配，并为了使得成本最低，选择马尔可夫链进行优化，计算节点之间的状态转移以期获取最优决策方案（即任务执行总时长最短、数据传输成功率最高）。据此提升服务水平，提高物联网数据的信息管理质量。

11.5　智能算法

智能算法是指在工程实践中，经常会接触到一些具有自组织、自动控制的算法或理论，其可以智能化的探索或优化问题的求解。典型智能算法有人工神经网络算法、模拟退火算法、遗传算法、免疫遗传算法、禁忌搜索算法等。

11.5.1　人工神经网络算法

数学家和心理学家在经过研究人脑思考机制后，通过信息技术将人脑的思维方式进行模拟，该模拟产生的程序称为人工神经网络。人工神经网络是一种由多个神经元相互连接构成的非线性处理单元，只有当神经元对所有输入信号的综合处理结果超过某一门限值后才输出一个信号。人工神经网络突破了传统线性处理的局限，标志着人们智能信息处理能力和模拟人脑智能行为能力的飞跃。

人工神经网络中包含众多的神经元并且在网络中存储了大量的信息，促使人工神经网络具备了针对不确定性信息处理的超强能力。尽管输入信息不准确、不完全，神经网络依旧可以借助联想思维搜寻已存储事件的完整图像，因此只要输入信息符合类似于训练样本的模式，系统便可以推导出正确的结论。

人工神经网络一般采用分布式信息存储，这一方面增加了信息读取的操作复杂性，另一方面提高了理算法的健壮性。人工神经网络可以存储海量知识，但是因为其大多采用分布式存储方式，信息都离散地分布在神经节点和神经节点间的链路中。所以一个神经节点及其延伸出通向其他节点的链路仅仅存储了部分零碎信息，只有将整个网络完整检索，才能完整地获取某个信息。

11.5.2 模拟退火算法

模拟退火算法是基于 Monte-Carlo 迭代求解策略的一种随机寻优算法，其出发点是基于物理中固体物质的退火过程与一般组合优化问题之间的相似性。固体退火原理是将固体加热到足够高的温度，再让它慢慢冷却。加热阶段，固体内部粒子伴随温度的升高变成无序状态，其内能增大；冷却阶段，粒子的温度逐渐冷却达到平衡态，直至常温时达到基态，内能减至最小。 一般而言，模拟退火算法从某一较高初温出发，伴随温度参数的不断下降，结合概率突跳特性在解空间中随机寻找目标函数的全局最优解。模拟退火算法理论上具有概率的全局优化性能，目前已在工程中得到了广泛应用，如 VLSI、生产调度、控制工程、机器学习、神经网络、信号处理等领域。

11.5.3 遗传算法

遗传算法是模拟进化论自然选择和遗传学机理的计算模型，是一种通过模拟自然进化过程搜索最优解的方法。遗传算法可以看成对自然过程中生存竞争的理想化模拟，其对象是某个群体中的全部个体，而算法过程则是对于一个被编码的参数空间采用随机化技术进行高效搜索。遗传算法是一种全局优化搜索算法，具有通用性和健壮性、实用性强、简单、高效、并行处理信息等特点，其遗传体现在选择、交叉和变异。遗传算法可以快速地将解空间中的全体解进行搜索，并可利用它的内在并行性进行分布式计算，加快求解速度。但遗传算法的局部搜索能力较差，导致单纯的遗传算法比较费时，在进化后期搜索效率较低。在实际应用中，遗传算法容易产生早熟收敛，并且采用何种选择方法既保留优良个体，又维持群体的多样性，一直是遗传算法中较难解决的问题。

11.5.4 免疫遗传算法

生物免疫系统是一个协调分布的智能信息系统，它的免疫记忆、免疫识别、免疫协调等特征对于构造新一代人工智能信息系统具有启迪作用。免疫遗传算法根据生物免疫系统的特点进行设计，具备对多峰值函数进行搜索并全局搜索最优解的能力。该算法将待求的问题看作是抗原来进行编码，而将该问题的解看作是抗体来进行编码组成抗体编码库。当某一问题出现时就相当于某一种抗原分子侵入，最终通过选择抗体编码库中的抗体使之与抗原编码之间进行亲和度计算，只有高亲和度的抗体编码才有可能是这个问题的解。另外，免疫遗传算法还避免了遗传算法的早熟收敛、随机漫游、控制参数选择等问题，提高了优化效率。目前免疫遗传算法已经在组合优化、机器人智能化移动、DNA 序列识别问题、计算机病毒防治和网络入侵安全等方面起到了积极的作用。

11.5.5 禁忌搜索算法

禁忌搜索算法是一种避开局部最优解而探寻更多解空间以获取全局最优解的智能算法。禁忌搜索算法模拟了人类思维过程，它通过对一些局部最优解的禁忌来接纳一部分较差解，进而跳出局部搜索的目的。禁忌搜索算法是一种亚启发式随机搜索算法，它给定一个合适的禁忌长度和禁忌表的空间大小（空间太大导致计算量骤升，空间太小可能陷入循环搜索或者陷入局部最优解），从一个初始可行解出发，选取当前的值存进禁忌表中，选择一系列的特定搜索方向（移动）作为试探，并获取让特定的目标函数值变化最多的移动。该算法的终止准则为预先设定好的迭代解和预估最优解的偏差范围上限，即当解小于偏差范围上限或者达到迭代次数时终止搜索。

11.5.6 智能算法在经管领域的应用

（1）应用于运筹学研究。路径优化在实践中较为常见也是运筹学研究的一个重要方向，采用智能算法解决路径优化问题在理论上可以提升计算效率、提高泛化程度，因此被领域专家广泛关注。例如，有学者以最小化运营赛事公交使用、公众出行成本为目标对赛事公交车路径优化进行探究，同时解决观赛人群出行决策难度大以及长时间候车问题，路径优化模型的求解主要采用两种有效不等式、禁忌搜索算法以及遗传算法求解路径优化模型，最终经过实验分析得到车辆路径选择的最优方案，可适应不同规模的数据求解。另外，模拟退火算法也常被用于登机口等的分配多目标规划求解中，相较于传统方法智能算法在此类非线性规划中具有强大优势。

（2）应用于辅助性决策支持。在地震灾害发生时，高效率、高精确的定位结果对地震预警工程的开展、健全预警资源分配机制具有重要意义，也对震后减灾、救助产生重要价值。鉴于模拟退火优化求解算法本质上是蒙特卡罗的持续寻优解的过程，为了求得最精确的震中位置，有学者将该方法应用于地震灾害的研究工作中，借助模拟退火算法的非线性反演特性，避免了反演结果陷入局部最优解，使得所获得的地震中心误差被控制在有效范围内，为震中位置的确定提供解决方案，辅助相关部门应急管理决策。

11.6 群体智能算法

常见的群体智能算法有蚁群算法、人工鱼群算法、蜂群算法、粒子群算法、细菌觅食算法、蛙跳算法等，此类算法也可应用于优化问题的求解。

11.6.1 蚁群算法

蚁群算法是一种寻找图中最优化路径的模拟进化算法。蚁群算法的原理是在所有蚂蚁对于食物分布没有了解的情况下，开始对食物进行搜索，当一只蚂蚁找到食物后它会释放信息素，信息素具有挥发性且对其他蚂蚁有吸引力，如果个别蚂蚁没有选择信息素较多的路径而是另辟蹊径，那么之后的蚂蚁会根据行进路径的长度进行选择，逐渐累积信息素，进而使更多蚂蚁选择较短路径。最终，大多数蚂蚁会选择最短路径行进。具体而言，蚁群算法的原理是：

（1）蚂蚁会在其行进路径上释放化学物质"信息素"。

（2）蚂蚁遇到没有其他蚂蚁走过的路径时，其将会随机选取一条道路。与此同时，其会释放对应行进径长度的信息素。

（3）信息素浓度与行进路径长度成反比。对于某一路径，非首只蚂蚁会选择信息素浓度相对高的行进路径。

（4）行进路径上蚂蚁通过数量越多，信息素浓度越高，该行进路径越优。这个寻优过程形成一个正反馈。

（5）最终蚁群找到最优寻食行进路径。

由上述原理可见，蚁群算法是一个自组织并行算法。其设计之初主要用于解决旅行商问题，在多年的发展过程中已逐步应用到诸多领域。例如，地图填色问题、集成电路设计问题、通信网络路由问题、车辆调度问题等都可以使用蚁群算法求解。

11.6.2 人工鱼群算法

李晓磊等通过观察研究鱼群运动行为，在 2002 年提出了人工鱼群算法。人工鱼群算法对鱼个体的觅食行为、聚群行为、追尾行为、随机行为等进行模拟，然后将模拟得到的人工鱼随机分布在解空间中，其解空间包括诸多局部最优值和一个全局最优值。在寻优期间，每次迭代后人工鱼都会把自身状态和公告板状态对比，确保实时更新公告板状态以达最优。当前，人工鱼群算法已经应用在组合优化、参数估计、电力系统无功优化、前向神经网络优化、非线性方程求解等领域，获得了显著的成效。

11.6.3 人工蜂群算法

人工蜂群算法是通过研究蜜蜂行为设计出来的优化方法，其也是群体智能算法的一个分支。人工蜂群算法的特点是不用了解问题的特殊信息，只进行问题的优劣比较，即可通过所有人工蜜蜂个体寻找的局部最优，最终在群体的寻优结果中凸显出全局最优解。人工蜂群算法的最小搜索模型由食物源、被雇用的蜜蜂、未被雇用的蜜蜂三个基本要素和食物源吸引蜜蜂、蜜蜂放弃食物源两个基本行为构成。其中，食物源涵盖食物源及其价值，需要从距离远近、获取难度、实物总量等方面评价。被雇用的蜜蜂也叫作引领蜂，其和采集的食物源一一对应，引领蜂负责记录某食物源的信息并按照一定概率分享给其他蜜蜂。未被雇用的蜜蜂负责寻找食物和开采食物，且可以选择成为侦察蜂或者跟随蜂：侦察蜂负责搜寻新食物源；跟随蜂则在获取到引领蜂的食物源信息后，对该食物源进行开采。初始时刻，所有蜜蜂以侦察蜂的身份随机搜索食物源，经过检测后，所有蜜蜂回巢分享其记录的食物源信息。此时蜜蜂都成为被雇用的蜜蜂，开采食物源，在开采食物源回巢后，蜜蜂有三种选择：①放弃食物源，成为未被雇用的蜜蜂；②分享信息，吸引更多蜜蜂一起开采食物源；③独自继续开采食物源。另外，身份转变为未被雇用的蜜蜂则可以变为侦察蜂去搜索新食物源或者变为跟随蜂随着引领蜂一起开采食物源。

11.6.4　粒子群算法

粒子群算法是基于随机解迭代寻求最优解的一种进化算法，这个流程和模拟退火算法类似。其也是根据适应度判断解的优劣，但是它通过跟随当前最优值进一步寻求全局最优解，并没有遗传算法迭代过程那么复杂。粒子群算法有三种基本算法模型，分别是基本粒子群算法模型、含有惯性权重因子的粒子群算法模型以及引入收缩因子的粒子群算法模型。粒子群算法因为其易于实现、精确度高、收敛速度快等优势在进行神经网络训练、模糊控制器设计、机器人路径规划、信号处理和模式识别等问题上均取得了良好效果。但是，粒子群优化算法还存在容易陷入局部极小点、搜索精确度不高的缺点，因此学者又改进出几种新型粒子群优化算法，如自适应粒子群优化算法、混合粒子群优化算法、协同粒子群优化算法、离散粒子群优化算法等。

11.6.5　细菌觅食算法

细菌觅食算法是通过对细菌群体的觅食行为进行研究，提出的一种群体智能算法。细菌觅食算法通过群体中个体之间的竞争行为和合作行为优化搜索。目前一些函数优化问题均可采用细菌觅食算法结合粒子群算法进行求解，其通过对分析各种算子的步氏以及细菌的生存期的过滤，从而实现算法性能的提高。近年来，又有学者将遗传算法引入到细菌觅食算法，该算法结合了细菌觅食算法中大肠杆菌的觅食机制菌和粒子群算法中的鸟类云集模式，形成一种混合优化算法，解决了多模态高维函数的优化，提高了对高维函数优化的收敛速度和局部搜索能力。

11.6.6　蛙跳算法

蛙跳算法于 2003 年被 Eusuff 和 Lansey 提出，用以解决组合优化问题。蛙跳算法具备高速计算能力和优异的全局搜索能力，是一种启发式群体进化算法。蛙跳算法作为新型仿生物学智能优化算法，结合了模因演算法和粒子群算法的优点，概念简单、参数少、计算快、易于实现、全局搜索能力强。当前，混合蛙跳算法已经应用在水资源分配、桥墩维修等多目标优化问题中。

蛙跳算法的思路是：给定一个生态环境中，生存着一群青蛙，且分布着众多石头，青蛙需要通过寻找石头建立路径到达食物所在位置，青蛙个体间则通过文化交流来交换信息。每只青蛙都有自己的文化，其被视为问题的一个解。蛙跳算法中，青蛙群体被分为不同的子群体，各个子群体都有其独立的文化，并且子群体中的所有个体都具备自己的文化，不仅影响其他个体，也受到其他个体影响，同时随着子群体文化的进化一起进化。当子群体进化到一定程度后，所有子群体进行文化交流（全局信息交换），通过这个过程实现子群体之间的混合运算，一直重复到满足条件为止。

11.6.7　群体智能算法在经管领域的应用

（1）应用于经济学研究。群体智能算法主要是从动物的群体性行为作为灵感点设计，具有良好的实用性。为了探究区域能源的消耗结构特征，有学者基于 15 年的GDP、能源消耗等数据，借助神经网络模型，根据历史数据预测下一年度的区域能源消耗总量，并采用人工鱼群算法对神经网络结构进行优化，主要思路是将煤炭、石油、天然气等资源作为一条人工鱼并利用随机方法生成多条人工鱼形成鱼群集合，将鱼群优化思想应用于区域能源比例优化的求解过程中，计算多个鱼群的比例集合生成神经网络的训练误差，选择误差最小的人工鱼群作为食物最大浓度，以此为中心完成鱼群中位置更新，据此求解满足要求的能源比例，从而优化能源消耗结构，以期达到经济、环境和能源消耗的均衡。

（2）应用于财务管理。财务部作为企业重要部门之一对企业的资金资源进行管理，其管理内容涉及企业运作的各个方面，较为复杂，如果产生任何问题均有可能导致企业面临财务危机。故而有学者提出了财务管理预警方法，其主要采用非线性的神经网络构建预警模型，据此模拟资金使用变化规律。考虑到神经网络参数较多，训练速度慢且难以收敛，因此将混沌粒子群算法应用于预警模型训练过程的参数更新中，每次选择最优的连接权值，以求得稳定的网络结构，从而在很大程度上降低了网络的收敛速度，对于提高预警的时效性具有重要意义。

12　其他前沿技术

12.1　模糊理论

　　利用模糊集合中的基础概念或连续隶属度函数的理论被称作模糊理论。模糊理论是在加州大学的 L. A. Zadeh 提出的模糊集合理论的数学基础上延伸发展起来的，其核心理论由模糊集合理论、模糊逻辑、模糊推理和模糊控制等内容组成。模糊理论的核心原理为：用形如"IF（前提条件）THEN（作用）"的控制规则来表示控制策略，之后通过模糊推理得到一组条件语句，并作用于被控对象或过程。此处得到的条件语句被称作控制作用集，状态语句和控制作用均为一组被量化了的模糊语言集，如"正大""正小""负大""负小""零"等。值得注意的是：首先，由于个体的认知不同，所以在理解"模糊性"时会存在一定的主观性，但这种主观性是被接受和认可的。其次，虽然模糊性做不到完全精准，但相反在某些时候，模糊性常常能帮助人们快速高效地解决实际问题。最后，需要区分随机性与模糊性。随机性指无法准确预知事件，但是事物本身具有明确的含义，而模糊性是指事物的概念是模糊的，可以理解为难以准确地判定一个对象是否与这个概念相符。

12.2　非线性理论

　　非线性与线性是一对相互矛盾的概念，一方面两者可以共存在一个系统中，相互作用决定了系统的最终性质；另一方面两者可以相互进行转化。从数学的角度来看，线性关系一般呈现为直线，较容易求出解析解，但非线性关系包括折线、曲线等，因此其解析解一般不能求出。非线性的物理机制可以表述为：一个测度的改变受到非一次项的影响，即受到两种及以上变量的共同影响，这种非线性通常体现为相互作用、耗散性、有限性、多值性。

　　互相作用：事物本质上普遍存在相互作用，不存在完全孤立的事物，且事物之间相互影响，因此在认识和理解事物时不能片面、孤立地考虑事物本身，需要将事物本身以及该事物对其他事物产生的影响统统考虑在内，这种双向作用便构成了非线性。

　　耗散性：耗散性是指使系统在距离平衡状态较远的范围内波动的强耗散性，耗散是一种不可逆转的现象，系统受到输入能量的驱使，开始单向的运动。在运动过程中，能带动内部子系统协同有序运动，也可以称达到了非线性连接。

　　有限性：有限性也是非线性的重要机制之一，有限性及其结果在一切事物中都有所体现，一定条件下有限性必定引起非线性的发生。换种角度来说，有限性很大程度上代表着非线性。

多值性：多值性指变量的一个值总能找到与之对应的多个值。因此，导致了其必定会具有非线性。一般来说，多值性的强弱能够决定系统的复杂程度。

12.3　突变理论

突变指由系统变量的连续逐渐变化引起的系统状态突然变化，可以理解为系统在两种稳定状态之间的变化。突变理论建立在集合、拓扑、群论与流形等现代数学基础之上，着重研究连续作用导致系统不连续突变的现象，其直接处理不连续突变而不涉及特殊的内在机制，特别适用那些内部结构尚未清楚的系统。突变理论不必事先知道系统状态变量遵循的微分方程，也可以预测系统许多定性特征。势、奇点、吸引子是突变理论的核心概念。

势：系统中的势指相对保守的位置能，系统各个组成部分的相互作用、相对关系以及环境与系统的相互作用关系决定了势。

奇点：某一平滑函数的位势导数为零的点叫作定态点，其在不同的条件下有极大点、极小点和拐点三种类型。在某些定态点附近，当连续变化能够引起不连续的结果时，退化的定态点则称为奇点。

吸引子：系统趋向的极限状态被称作吸引子，其可以理解为极限点的连通集。

12.4　分形理论

分形理论可以理解为一种以整体与局部相似性来看待世界的观点和解决问题的方法。在一定条件下，物体局部的形态、功能、能量、信息等性质表现出与整体的相似性。自然界和非线性系统中出现的不光滑和不规则的几何形体是分形理论的主要研究对象。此理论认为空间维数的变化既可以离散也可以连续。分形理论有三种主流类型：一是主要研究分形维数性质、特点；二是研究分形理论在化学、物理学、艺术等其他方面的实际应用；三是对如何生成分形图像进行研究。分形理论通过与其他学科建立广泛联系，逐步产生了分形人口学、计算机分形学、分形图像处理技术、分形噪声理论、分形函数论、分形艺术等新学科。

12.5　混沌理论

混沌是自然界中普遍存在的现象，其在无序表象之中又蕴含着一定的规则，存在着极其有规律的运动。具体来说，混沌发生在确定的系统中，表示一种缥缈、杂乱无章和高度不稳定的现象，它体现了系统内部的无序性、复杂性和随机性。尽管混沌运动的轨迹存在重叠、收缩的现象，但是具体每一个轨迹又不会与自身发生重复和折叠。

混沌的产生机制是没有随机因素的固定规则影响下的非线性。混沌现象展示了世界普遍存在的有序与无序的统一、确定性与随机性的统一。混沌在现实生活中的应用十分广泛，如地震现象、海啸、厄尔尼诺现象等。混沌分析和混沌综合是混沌应用的两个主要方面，其中混沌分析是指在自然系统中找出一系列确定的规则；混沌综合是指在人工产生的混沌中获取功能。

12.6 3D 打印

3D 打印是一种以数字模型文件为基础，运用粉末状金属或塑料等可黏合材料，通过逐层打印的方式来构造物体的快速成型技术。通俗地说，3D 打印机是可以"打印"出真实的 3D 物体的一种设备，它按照在计算机中构建的三维模型，将一种具有液滴小、易定型特制胶水喷洒在要定型的一层，而材料粉末遇到特制胶水会迅速定型，没有被胶水覆盖的区域则依旧是松散状态，通过每一层上都重复上述动作，最终只要清除掉多余粉末就会形成一个完整的实体模型。目前的 3D 打印设备精度很高，不仅可以打印出模型外观上的花纹、曲线，其内部的构造也能准确打印出来，因此 3D 打印可以广泛应用于机械零部件的模型制作，打印出的产品还可以进行进一步的加工改造，以满足不同产品性能的需求。此外，3D 打印技术在汽车零部件、鞋类、工业设计、房屋建筑、航空航天、牙科模具等领域都有应用。

参考文献

[1] 21IC 中国电子网.http：//www.21ic.com.

[2] 533 学习网.http：//edu.533.com.

[3] CIO 时代.http：//www.ciotimes.com.

[4] CSDN.http：//blog.csdn.net.

[5] Donews 博客.http：//blog.donews.com.

[6] EEPW 百科.http：//baike.eepw.com.cn.

[7] Examda 百科.http：//baike.examda.com.

[8] PB 创新网.http：//www.ourmis.com.

[9] 阿里巧巧商务百科.http：//baike.aliqq.com.cn.

[10] 阿如旱，李百岁.浅谈精准农业与农业可持续发展 [J].内蒙古农业大学学报（自然科学版），2003（1）：5-8.

[11] 艾冰.揭秘比特币的前世今生 [J].企业观察家，2017（7）：44-45.

[12] 艾如意.云计算 [J].数字技术与应用，2016（1）：242.

[13] 安继芳，孙建华.密码技术与电子商务 [J].网络安全技术与应用，2005（2）：10-11.

[14] 安增波，张彦.机器学习方法的应用研究 [J].长治学院学报，2007（2）：21-24.

[15] 白哲豪.3D 打印在桡骨远端骨折治疗康复中的应用 [J].机电产品开发与创新，2021，34（2）：37-38，54.

[16] 百度百科.https：//baike.baidu.com；http：//baike.baidu.com.

[17] 百度贴吧.https：//tieba.baidu.com.

[18] 百度文库.https：//wenku.baidu.com；http：//wenku.baidu.com.

[19] 百家号.http：//baijiahao.baidu.com.

[20] 百科江西.http：//wiki.jxwmw.cn.

[21] 柏兴旺.发动机气门失效分析专家系统的研究和实现 [D].江西理工大学，2008.

[22] 必胜网.http：//www.bisenet.com.

[23] 毕佳敏.浅谈电信天翼影像云平台的设计与应用 [J].计算机时代，2019（3）：12-15.

[24] 卞世晖.专家系统中不确定性推理的研究与应用 [D].安徽大学，2010.

[25] 博客.http：//blog.china.alibaba.com.

[26] 蔡淑莲.基于深度度量学习的显著性目标分割研究 [D].厦门大学，2018.

［27］蔡艳红．基于DWT的图像数字水印技术研究［D］．山东师范大学，2007.

［28］曹璨．基于特征抽取和分步回归算法的资金流入流出预测模型［D］．中国科学技术大学，2017.

［29］曹传荣．高速公路BOT项目经济可行性评价研究［D］．北京交通大学，2008.

［30］曹聪洁，施冬，韦原原．基于决策树的黄土高原滑坡风险分析［J］．农业与技术，2021，41（6）：141-144.

［31］曹东．松辽委应对勒索病毒软件的防范措施［J］．东北水利水电，2018，36（5）：69-70.

［32］曹曙光，郭翌，张成乾．工控软件的OOP设计方法［J］．计算机仿真，1993（4）：46-51.

［33］曹涛涛，蒋阳升，赵斌，等．考虑多交叉口相互影响的干道相位差仿真优化研究［J］．工业工程，2018，21（6）：40-45.

［34］陈宝阔．剪切流传感器结构优化与性能测试［D］．天津大学，2012.

［35］陈成钢．基于手机平台的远程自动答疑系统的开发与研究［D］．浙江工业大学，2009.

［36］陈春祥．非线性全电推进动力系统的研究［J］．天津科技，2017，44（6）：27-28，34.

［37］陈东亮．基于虚拟现实的微机变电站仿真培训系统平台［D］．厦门大学，2007.

［38］陈丰农．基于显微构造图像木材识别技术研究［D］．浙江林学院，2008.

［39］陈国良，毛睿，蔡晔．高性能计算及其相关新兴技术［J］．深圳大学学报，2015，32（1）：25-31.

［40］陈国良，孙广中，徐云，等．并行计算的一体化研究现状与发展趋势［J］．科学通报，2009，54（8）：1043-1049.

［41］陈国良，孙广中，徐云，吕敏．并行算法研究方法学［J］．计算机学报，2008（9）：1493-1502.

［42］陈汗青，万艳玲，王国刚．数字图像处理技术研究进展［J］．工业控制计算机，2013，26（1）：72-74.

［43］陈昊．复杂网络模型研究与应用［D］．西安电子科技大学，2006.

［44］陈浩磊，邹湘军，等．虚拟现实技术的最新发展与展望［J］．中国科技论文在线，2011，6（1）：1-5，14.

［45］陈继光．智能精密水压力发生器的研制［D］．大连理工大学，2004.

［46］陈佳龙．基于PLC的八层电梯模型控制系统设计与实现［D］．内蒙古大学，2012.

［47］陈建珍，赖志娟．熵理论及其应用［J］．江西教育学院学报（综合），2005

（6）：9-12.

[48] 陈晶. 自组织理论视域下的高中化学教学研究 [D]. 福建师范大学, 2011.

[49] 陈俊智. 基于 CAS 理论的区域性矿山复杂采选系统匹配研究及应用 [D]. 昆明理工大学, 2009.

[50] 陈理飞, 史安娜, 夏建伟. 复杂适应系统理论在管理领域的应用 [J]. 科技管理研究, 2007（8）：40-42.

[51] 陈亮. 员工知识网络、员工关系网络及其与员工绩效间关系的研究 [D]. 上海交通大学, 2009.

[52] 陈楠. 电网通用型操作票系统学习推理机的设计和开发 [D]. 华北电力大学, 2007.

[53] 陈秋丽. 无线传感器网络路由协议的设计与应用研究 [D]. 湖南师范大学, 2013.

[54] 陈霜霜. 计算机网络安全的研究与探讨 [J]. 科技信息, 2011（35）：136-137.

[55] 陈甜甜. 基于非均匀 B 样条小波的数字水印算法研究 [D]. 河北工业大学, 2007.

[56] 陈薇娜. 基于混沌理论与小波变换的数字水印算法设计与实现 [D]. 湖南大学, 2009.

[57] 陈伟. 基于 E-SI-V 模型的非公人士思想价值引领 [J]. 沈阳师范大学学报, 2014, 38（3）：25-28.

[58] 陈贤. 激光矢量打标内容生成方法的研究与实现 [D]. 南京理工大学, 2010.

[59] 陈晓凡. 知识图谱视域下体育旅游数据挖掘与分析 [J]. 湖北体育科技, 2019, 38（1）：38-41.

[60] 陈耀华, 古鹏. 关于 RFID 核心关键技术对其应用的制约的研究 [J]. 电脑知识与技术, 2012, 8（18）：4525-4527.

[61] 陈勇. 大数据的发展趋势 [J]. 西部皮革, 2016, 38（24）：258.

[62] 陈瑜. 基于灰色理论的海西区域物流需求研究 [J]. 科技和产业, 2010, 10（12）：35-37, 48.

[63] 陈宇寒. 网格计算技术研究 [J]. 计算机技术与发展, 2008（5）：82-85.

[64] 陈禹. 复杂适应系统（CAS）理论及其应用——由来、内容与启示 [J]. 系统辩证学学报, 2001, 9（4）：35-43.

[65] 陈云芳, 穆鸿, 王汝传. 网格计算及其应用 [J]. 江苏通信技术, 2003（1）：9-12, 48.

[66] 陈正, 李华旺, 常亮. 基于故障树的专家系统推理机设计 [J]. 计算机工程, 2012, 38（11）：228-230, 250.

[67] 陈志云，王豪才，等．RFID 电子标签 A 型卡的防碰撞模块方案 [J]．电子产品世界，2005 (11)：115-117.

[68] 陈忠强．ZigBee 无线通讯技术在井下监测的应用研究 [D]．中南大学，2009.

[69] 程澄，卢加伟，廖利．ArcGIS 在环境园详细规划中的应用 [J]．环境卫生工程，2011，19 (5)：53-56.

[70] 程力．基于 MCGS 与 PLC 桥式起重机起升机构监控系统研究 [D]．昆明理工大学，2016.

[71] 程萍．基于网格计算平台的远程医疗视频系统研究 [J]．中国数字医学，2008，3 (12)：17-20.

[72] 程胜，杜鹃，丁炜．无线局域网及其发展趋势 [J]．电信网技术，2003 (6)：22-25，36.

[73] 程学旗，兰艳艳．网络大数据的文本内容分析 [J]．大数据，2015，1 (3)：62-71.

[74] 迟学斌，赵毅．高性能计算技术及其应用 [J]．中国科学院院刊，2007 (4)：306-313.

[75] 迟也行．吉林省数字农业建设背景下农村三产融合发展研究 [D]．吉林大学，2020.

[76] 崔得龙．基于小波变换的数字图像水印技术研究 [D]．西南交通大学，2008.

[77] 崔娟．抽油机智能监控设备的设计与实现 [D]．西安电子科技大学，2010.

[78] 崔立新，徐卫，张春华．探讨网格技术与应用 [J]．电脑编程技巧与维护，2011 (10)：80-81，88.

[79] 崔蓬．基于虚拟现实的低成本 3D 声音系统设计与评估 [D]．江南大学，2008.

[80] 崔文．浅析人工智能技术在信息检索领域中的体现 [J]．科技信息，2010 (32)：656-657.

[81] 崔晓明．基于模式识别的研究方法在运动医学研究中的应用展望 [J]．西安体育学院学报，2007 (3)：72-75.

[82] 崔振辉，李华宇．物联网发展现状研究 [J]．通信技术，2014，47 (8)：841-846.

[83] 代冬升，韩红艳，冀亚林，等．基于网格技术的装备保障信息系统研究 [J]．中国科技信息，2005 (18)：16-17.

[84] 代建民．基于网络中心战的 C4ISR 系统若干问题研究 [D]．华中科技大学，2006.

[85] 戴磊，魏阙．人工智能领域技术预见研究 [J]．中阿科技论坛，2018 (3)：

48-59，142-158.

[86] 戴萍．数学的律令走向经济世界 [N]．中华读书报，2015-07-15 (017)．

[87] 党保生．虚拟现实及其发展趋势 [J]．中国现代教育装备，2007 (4)：94-96.

[88] 道客巴巴．https：//www.doc88.com；http：//www.doc88.com.

[89] 邓春．计算机网络安全防范措施浅析 [J]．硅谷，2010 (22)：31.

[90] 邓向林．加强计算机网络安全的对策思考 [J]．科技资讯，2008 (2)：107.

[91] 邓渝生，王瑶．基于物联网技术的电力设备检修工厂化管理系统 [J]．电气应用，2013，32 (1)：46-50.

[92] 邓宗琦．混沌学的历史和现状 [J]．华中师范大学学报，1997 (4)：120-128.

[93] 电子发烧友网．http：//www.elecfans.com.

[94] 电子商务百科．http：//www.ecwiki.cn.

[95] 丁鹏．基于反演理论的深部巷道支护方案优化研究 [D]．中南大学，2007.

[96] 丁庆华．基于突变理论的船舶非线性横摇运动分析 [D]．哈尔滨工程大学，2009.

[97] 丁伟斌，高峰，徐旸．基于"准许成本+合理收益"的目标配电价格模型构建及应用研究 [J]．价格理论与实践，2020 (8)：50-53，177.

[98] 丁志平．敏捷软件开发中的风险管理 [J]．信息与电脑，2010 (1)：76-78.

[99] 东南网．http：//usa.fjsen.com.

[100] 董峰．大脑中负激活与默认活动网络的探索 [D]．大连理工大学，2007.

[101] 董凤玲．浅谈计算机网络安全及防范措施 [J]．华章，2012 (9)：303.

[102] 董鹏永．基于 RFID 的矿井人员定位系统应用研究 [D]．河南理工大学，2009.

[103] 董瑞海．浅谈区块链发展对财务工作的影响 [J]．时代金融，2018 (32)：254-255，257.

[104] 董轩武．矿山救护队救援行动方案专家系统设计与实现 [D]．西安科技大学，2011.

[105] 董杨．基于非均匀分簇的 WSNs 路由协议的研究与设计 [D]．河南大学，2009.

[106] 董怡汝．全媒体背景下时政新闻传播方式的变革和发展——以《新闻联播》抖音短视频为例 [J]．视听，2021 (2)：200-201.

[107] 董柱，张本，曹一秋，等．3D 打印技术在右心室双出口个性化手术中的应用 [J]．中国胸心血管外科临床杂志，2021，28 (4)：441-446.

[108] 豆丁网．https：//www.docin.com；http：//www.docin.com.

[109] 窦育民．基于统计学习的网络舆情智能决策系统模型研究 [J]．无线互联

科技，2019，16（17）：107-109.

[110] 杜朝运，郑瑜．自组织视角下的台湾农村合作金融运作及启示 [J]．台湾研究，2008（1）：36-41.

[111] 杜晋瑞，戴光明，刘鹏．网格体系结构标准的演变与分析 [J]．信息技术与标准化，2005（8）：20-25.

[112] 杜兴盛．浅谈计算机网络安全问题的预防 [J]．科技资讯，2006（32）：49.

[113] 杜学普．基于 PROFIBUS 和 WinCC 的散热片生产线监控系统的研究与应用 [D]．西安建筑科技大学，2008.

[114] 杜懿珊．浅析玉门油田网络安全的预防措施 [J]．信息系统工程，2017（9）：117-118，120.

[115] 段世华．铜期货投资模型研究 [D]．昆明理工大学，2006.

[116] 樊超．物流管理中的物联网应用研究 [J]．中国战略新兴产业，2018（32）：103.

[117] 樊佩珍．基于新一代测序数据的 SNV 检测方法研究 [D]．西安电子科技大学，2018.

[118] 范洪涛．无线网络发展状况 [J]．黑龙江科技信息，2013（36）：152.

[119] 范会敏，王浩．模式识别方法概述 [J]．电子设计工程，2012，20（19）：48-51.

[120] 范世君．无线协作微云负载转移和多工作流任务调度算法研究 [D]．东南大学，2018.

[121] 范彦静，王化雨．基于复杂网络的知识网建模研究 [J]．心智与计算，2008（1）：16-20.

[122] 范芝强．数据挖掘技术在医院信息系统中的应用探讨 [J]．数字技术与应用，2015（5）：207.

[123] 方刚．我国云计算商业应用模式的战略发展研究 [D]．北京邮电大学，2012.

[124] 方雷．基于云计算的土地资源服务高效处理平台关键技术探索与研究 [D]．浙江大学，2011.

[125] 方荣文．浅谈机器翻译实现的途径 [J]．新西部，2011（10）：120.

[126] 方永恒．产业集群系统演化研究 [D]．西安建筑科技大学，2011.

[127] 方志成．传感器讲座第一讲基础知识 [J]．电子技术，1980（4）：29-34.

[128] 分析测试百科．https：//bbs. antpedia. com.

[129] 冯德福．行政事业单位人事工资管理信息系统的设计与实现 [D]．电子科技大学，2010.

[130] 冯登国，张敏，李昊．大数据安全与隐私保护 [J]．计算机学报，2014，

37（1）：246-258.

[131] 冯洪波．功能成像中的负激活及其网络探索 [D]．大连理工大学，2008.

[132] 冯丽丽．一种基于矩阵分解的用户行为数据多任务学习模型 [D]．电子科技大学，2016.

[133] 冯少荣．决策树算法的研究与改进 [J]．厦门大学学报，2007（4）：496-500.

[134] 冯守虎．UHFRFID 阅读器的数字基带技术研究 [D]．南京邮电大学，2011.

[135] 冯向荣．无线传感器网络定位技术在移动电子商务中的定位研究 [J]．电脑知识与技术，2014，10（8）：1949-1950+1952.

[136] 冯旭冰，唐平，赖志飞．基于 D-S 理论与信息融合的神经图像分类方法 [J]．计算机工程与设计，2014，35（3）：953-957，962.

[137] 冯亚楠．基于小波域 Teager 能量熵的音符起点检测算法研究 [D]．天津大学，2012.

[138] 付宏博．静止轨道卫星海上遥感影像控制点自动获取方法 [J]．数字技术与应用，2019，37（1）：104-106.

[139] 付仕平，杨丽，刘婧．未来战争中的信息安全保障及技术对策 [J]．软件，2011，32（1）：35-37.

[140] 傅加平，贺毅，张永生．仿真软件在连接器设计中的应用 [J]．电工电气，2009（10）：35-36，44.

[141] 傅强．探索计算机网络的发展与应用 [J]．无线互联科技，2016（23）：31-32.

[142] 傅星．基于复杂适应系统理论的经济仿真研究 [D]．首都经济贸易大学，2005.

[143] 甘志雄．基于物联网技术的铁路集装箱中心站堆场资源配置优化研究 [D]．北京交通大学，2012.

[144] 高东广．量子："黑马"出世超凡脱俗 [N]．解放军报，2019-02-15（011）.

[145] 高枫．将 VR 游戏应用于护理教学的思考 [J]．教育现代化，2017，4（51）：347-348.

[146] 高峰．浅谈 RFID 技术在图书馆中的应用 [J]．科技情报开发与经济，2010，20（36）：52-54，80.

[147] 高洪深．有色金属探矿专家系统及其不确定知识的表示 [A]．中国系统工程学会，1990：4.

[148] 高辉．对物联网技术及其应用的思考 [J]．信息系统工程，2012（7）：20-22.

[149] 高利平, 何敬宇. 模拟退火算法在边坡稳定分析中的应用研究 [J]. 内蒙古农业大学学报, 2010, 31 (4): 218-221.

[150] 高奇琦. 美国的云计算战略及其对军事和国际关系的影响 [J]. 美国研究, 2015, 29 (2): 6, 52-67.

[151] 高绍林, 张宜云. 人工智能在立法领域的应用与展望 [J]. 地方立法研究, 2019, 4 (1): 45-53.

[152] 高婉芝. 论大数据时代的心理学研究变革 [J]. 明日风尚, 2019 (6): 164.

[153] 高万林, 郑远, 陶红燕, 等. 农业产中信息化的分析与探讨 [J]. 农学学报, 2015, 5 (5): 98-101.

[154] 高翔. 金融机构争上 "云" 端 [N]. 上海证券报, 2015-10-20 (F04).

[155] 高晓红. 基于粗集理论的机器学习 [D]. 昆明理工大学, 2007.

[156] 高雪松. 基于移动云计算技术的北京车联网项目风险管理研究 [D]. 中国海洋大学, 2012.

[157] 高艳辉, 肖前贵, 胡寿松, 等. 飞行模拟器发展中的关键技术 [J]. 计算机测量与控制, 2014, 22 (2): 587-590.

[158] 高扬, 贺兴, 艾芊. 基于数字孪生驱动的智慧微电网多智能体协调优化控制策略 [J]. 电网技术, 2021, 45 (7): 2483-2491.

[159] 高永国, 邓津. 甘肃省地震局高性能计算系统 [J]. 地震地磁观测与研究, 2018, 39 (1): 149-153.

[160] 高原, 李云. 基于 AVR 嵌入式系统的采煤机智能遥控器设计 [J]. 煤矿机电, 2012 (5): 16-18.

[161] 高云红. 计算机仿真技术及其应用 [J]. 软件, 2013, 34 (11): 111+128.

[162] 郜超, 万明长. 浅析推进数字化在农业园区中的作用 [J]. 农技服务, 2015, 32 (12): 15-16.

[163] 个人图书馆. http: //www.360doc.com.

[164] 耿维忠. 建筑虚拟实时漫游技术研究与实现 [D]. 太原理工大学, 2007.

[165] 龚佳苗. 基于情感分析的网络热门话题抽取及热度预测 [D]. 湖南大学, 2018.

[166] 龚锦红, 凌仕勇. 一种基于 Rough 集的案例推理模型的构建 [J]. 华东交通大学学报, 2012, 29 (2): 42-46.

[167] 龚文君. 网格公共支撑平台 CGSP 的元数据管理模型研究 [D]. 华中科技大学, 2006.

[168] 龚志. 智能家居安防子系统的设计与实现 [D]. 南京邮电大学, 2012.

[169] 巩慧韬. CA 交叉认证在网格中的研究 [D]. 华北电力大学, 2007.

[170] 缑新科, 杨宏斌. 最优模糊控制在悬臂梁振动控制系统中的研究 [J]. 电气自动化, 2012, 34 (1): 11-13.

［171］谷静，马秀丽．基于 RFID 的棋类比赛监视系统的研究与设计［J］．中国新技术新产品，2010（23）：33-34.

［172］谷卓，李书芳，曹坷．UHF 频段 RFID 射频自动测试系统设计［J］．电子测量技术，2009，32（10）：92-94.

［173］顾钦．基于纹理映射的快速渲染技术研究［D］．天津大学，2004.

［174］顾勤龙．混沌理论及其在信息安全和优化中的应用研究［D］．浙江工业大学，2003.

［175］顾群，胡爱群．基于网络的信息系统安全策略［J］．信息网络安全，2002（12）：39-40.

［176］顾万里．电力系统有功遗传算法解析［J］．科技资讯，2010（36）：90-92.

［177］顾远亮．集成电路测试生成的算法研究［D］．江南大学，2012.

［178］顾志康．大城市快速公交线网规划理论与方法研究［D］．东南大学，2006.

［179］关健．12306 避免崩溃的秘密：爬上阿里云［N］．第一财经日报，2015-01-20（A11）.

［180］关路远．拨头油火车装车控制系统的开发与研究［D］．大连理工大学，2010.

［181］关晓薇．基于语义语言的机器翻译系统中若干关键问题研究［D］．大连理工大学，2009.

［182］关莹，熊键，陈鸣，等．集群作战能力涌现初探［J］．电子信息对抗技术，2019，34（1）：22-26.

［183］关勇．物联网行业发展分析［D］．北京邮电大学，2010.

［184］管理百科．http：//baike.themanage.cn.

［185］桂小林，钱德沛．基于 Internet 的网格计算模型研究［J］．西安交通大学学报，2001，35（10）：1008-1011.

［186］郭才．一种有效求解多维背包问题的遗传算法［J］．软件导刊，2011，10（1）：82-84.

［187］郭栋梁．面向多点突发事件武警机动师车辆调度方法研究［D］．国防科学技术大学，2015.

［188］郭国忠．集装箱装卸模拟器关键技术的研究［D］．大连海事大学，2004.

［189］郭惠玲，郭朝阳．自适应营销能力的理论模型构建［J］．现代管理科学，2014（8）：105-107.

［190］郭建辉．云视频会议系统的建设思路［J］．数字通信世界，2016（3）：54-57.

［191］郭金冬．外汇市场有效性与统计套利模型可行性的实证研究［D］．重庆大学，2017.

[192] 郭娟. 云档案馆构想 [J]. 法制与社会, 2012 (17): 241-242.

[193] 郭莉莉. 广义超立方体的条件连通度及容错路由研究 [D]. 苏州大学, 2018.

[194] 郭庆平, 叶俊全. TCP/IP 协议结构分析 [J]. 交通与计算机, 1997 (2): 36-40, 49.

[195] 郭庆钦, 张力, 方小勇. 手机美团网界面人因工程学测试研究 [J]. 电脑知识与技术, 2015, 11 (33): 164-167.

[196] 郭巍. 虚拟现实技术特性及应用前景 [J]. 信息与电脑, 2010 (10): 29, 31.

[197] 郭艳光, 马丽丽, 郝拉柱. 随机算法数据的倾向性选择 [J]. 内蒙古农业大学学报 (自然科学版), 2011, 32 (2): 239-243.

[198] 郭艺, 艾晶晶. 决策理论在科技创新中的应用 [J]. 科技创业月刊, 2011, 24 (9): 15-16, 19.

[199] 郭永洪, 傅泽田. 基于案例推理 (CBR) 的鱼病诊断模型研究 [J]. 计算机与现代化, 2005 (9): 1-4, 7.

[200] 郭永生. 基于条件随机场的汉语短语识别研究 [D]. 东北大学, 2008.

[201] 郭宇, 邵明妍. 基于网格计算的电子商务模式浅析 [J]. 中国新技术新产品, 2008 (17): 22.

[202] 郭育辰. 基于话单大数据的诈骗电话识别与响应模型研究 [D]. 中国人民公安大学, 2018.

[203] 过冰. 智能语音对话系统中基于规则和统计的语义识别 [D]. 北京邮电大学, 2014.

[204] 过利锐. 基于 MATLAB 的蠕变试验系统仿真开发及实时控制研究 [D]. 重庆大学, 2004.

[205] 韩传波. 响应自由格式查询的代码片段生成方法研究 [D]. 山东师范大学, 2019.

[206] 韩根秀. 熵和熵的应用 [J]. 内蒙古师范大学学报, 2001 (4): 9-11.

[207] 郝培豪, 高洁. 基于 Neo4j 图数据库的警务安保知识图谱可视化分析 [J]. 现代计算机, 2018 (35): 8-11.

[208] 郝巧红. 浅谈防火墙 [J]. 山西统计, 2002 (9): 44-45.

[209] 郝勇娜, 梁鸿生, 柴继河, 等. 基于免疫算法的 B-P 网络权值设计 [J]. 昆明理工大学学报, 2004 (2): 65-67.

[210] 何方. 实验性平面设计研究 [J]. 南京艺术学院学报, 2018 (6): 178-191.

[211] 何凤远. 基于词频统计的齐夫定律汉语适用性研究 [D]. 安徽大学, 2011.

[212] 何茗．加密解密算法的实现及改进 [J]．西南民族大学学报，2010，36
（1）：153-158．

[213] 何倩，郑向阳．浅析无线网络的安全性 [J]．制造业自动化，2010，32
（14）：188-190．

[214] 何喜玲，王俊．虚拟现实技术及其在农业中的应用 [J]．中国农机化，
2004（1）：22-24．

[215] 何勰，严建钢，于超．舰艇编队电子侦察的大数据应用分析 [J]．舰船电
子工程，2016，36（9）：76-79．

[216] 何炎祥，范清风，张力飞．网格计算中动态复制策略的设计 [J]．计算机
工程，2004（3）：94-95．

[217] 贺峰，熊信艮，等．改进免疫算法在电力系统电源规划中应用 [J]．电力
自动化设备，2004（3）：32-38，42．

[218] 侯怀昌．浅论充满魅力的无线局域网 [J]．山西经济管理干部学院学报，
2006（3）：84-86．

[219] 胡春玲．贝叶斯网络结构学习及其应用研究 [D]．合肥工业大学，2011．

[220] 胡峰，胡保生．并行计算技术与并行算法综述 [J]．电脑与信息技术，
1999（5）：47-59．

[221] 胡国强．勒索病毒的防御方法 [J]．网络安全技术与应用，2018（4）：11，42．

[222] 胡晋川．基于突变理论的黄土边坡稳定性分析方法研究 [D]．长安大
学，2012．

[223] 胡军．基于 ADAMS 和人工智能算法的汽车悬架系统优化设计和分析 [D]．
湖南大学，2007．

[224] 胡名坚．个人计算机的安全防范 [J]．信息通信，2013（10）：152．

[225] 胡瑞安，胡纪阳，徐树公．计算机人工生命 [J]．科技导报，1994（12）：
17-20．

[226] 胡唐明，何艳宁．基于范例推理的知识管理研究 [J]．情报杂志，2009，
28（2）：129-131，136．

[227] 胡涛．网络安全的基本措施与发展方向 [J]．电子技术与软件工程，2016
（21）：204．

[228] 胡伟伟．基于人工生命系统理论的产业集群发展研究 [D]．南京师范大
学，2008．

[229] 胡引翠．网格计算技术的应用及其发展趋势 [J]．测绘通报，2005（3）：
23-26．

[230] 胡永祥．人工智能技术发展现状及未来 [J]．中外企业家，2018（28）：
147-148．

[231] 胡有林．企业信息技术应用的涌现机理研究 [J]．科技管理研究，2013，

33（10）：183-186.

[232] 互动百科．http：//www.hudong.com；http：//fun.hudong.com.

[233] 沪江博客．http：//blog.hjenglish.com.

[234] 华京君，邓小波，万修芹，等．物联网技术在产品质量检验中的应用［J］．数字技术与应用，2011（12）：103-104，106.

[235] 黄晨，陈海英．机器翻译在CADAL中的应用［J］．图书与情报，2007（1）：66-68，85.

[236] 黄成．基于决策树分类的数字图像数据挖掘探究［J］．现代计算机（专业版），2010（12）：18-21.

[237] 黄芳，宋霞，解心江，等．组合预测模型在农产品价格长期预测中的应用研究［J］．电脑编程技巧与维护，2016（20）：30-32.

[238] 黄改娟．自动推理技术发展的回顾与展望［J］．微机发展，2003（S2）：36-38，42.

[239] 黄欢．聚合物熔体复杂网络模型的研究［D］．东华大学，2009.

[240] 黄金钊．光伏并网对中低压配电网的影响分析及无功优化研究［D］．吉林大学，2020.

[241] 黄明．基于线性霍尔传感器的智能阀位变送器的设计［D］．杭州电子科技大学，2009.

[242] 黄明．模糊图像复原方法研究与应用［D］．东北大学，2013.

[243] 黄群慧，王钦．中国工业经济与企业管理若干前沿问题综述［J］．经济管理，2007（11）：80-87.

[244] 黄田匀．分形发展三十年［J］．物理，1998（2）：27-30.

[245] 黄晚霞，王志明．员工群体行为复杂性分析［J］．科技管理研究，2005（11）：109-111.

[246] 黄卫东，岳中刚．物联网核心技术链演进及其产业政策研究［J］．中国人民大学学报，2011，25（4）：47-53.

[247] 黄艳．物联网和智慧物流在企业管理中的应用探讨［J］．中国市场，2020（2）：158，161.

[248] 黄永勤．国外大数据研究热点及发展趋势探析［J］．情报杂志，2014，33（6）：78，99-104.

[249] 黄运涛，丁颖．语义网格核心技术及其应用研究［J］．福建电脑，2007（12）：27-28.

[250] 黄峥，古鹏．物联网实验室建设研究与探讨［J］．实验技术与管理，2012，29（2）：191-195.

[251] 慧聪网．https：//www.hc360.com.

[252] 火生旭．协同过滤推荐算法在社父网络中的研究与应用［D］．湖南大

学，2013.

[253] 霍凤财．基于人工蜂群算法的工程图纸图像阈值分割方法研究［D］．东北石油大学，2015.

[254] 霍凤财．基于人工免疫算法的优化问题研究［D］．大庆石油学院，2004.

[255] 霍桂利．现代模式识别发展的研究与探索［J］．河北广播电视大学学报，2012，17（5）：81-83.

[256] 霍杰．基于DSP嵌入式系统的以太网接入技术的研究与实现［D］．武汉大学，2004.

[257] 姬秋云．基于混沌理论的控制系统优化算法研究［D］．哈尔滨理工大学，2008.

[258] 姬晓波，曾凡，张敏．物联网技术及其在医疗系统中的应用［J］．医疗卫生装备，2010，31（12）：102-103.

[259] 嵇海进，华晨江．射频识别技术及其部分典型应用［J］．福建电脑，2011，27（11）：58-59.

[260] 计算机百科网．http：//www.jsjbk.cn.

[261] 季策，单长芳，沙毅，等．基于分组简化粒子群算法的盲源分离［J］．东北大学学报，2018，39（6）：787-791.

[262] 季汉初，覃斌，吴清国，等．3D打印技术在腹腔镜肾部分切除术中的临床分析［J］．当代医学，2021，27（4）：16-18.

[263] 贾萌．基于航空网络的航班延误次生衍生事件链式效应研究［D］．南京航空航天大学，2015.

[264] 贾涛，雷兴，钱程晨，等．智能标签在变电站二次电缆吊牌中的应用［J］．电世界，2019，60（1）：1-5.

[265] 贾文明，谢方生．"3S"技术为核心的精准农业在我国的发展及应用［J］．农业网络信息，2007（6）：39-42.

[266] 价值中国网．http：//www.chinavalue.net.

[267] 简增强．"数字校园"项目在VRP教学中的应用［J］．美术大观，2013（4）：137.

[268] 江斌．人工免疫算法的基础研究及其应用［D］．中南大学，2008.

[269] 江超．视频语义提取分析研究［D］．西安电子科技大学，2011.

[270] 江凤香，史立军，杜谋涛，等．数字技术助力传统农业转型升级为数字农业的对策［J］．农业工程，2020，10（4）：122-124.

[271] 江国栋．基于企业R&D技术选择的组织模式研究［D］．大连海事大学，2006.

[272] 姜军．基于变换域的鲁棒数字图像水印技术研究［D］．西南交通大学，2009.

［273］姜喜军 . 条形码和二维码保存方式的研究 ［J］. 科技创新导报，2017，14（30）：158-159.

［274］蒋晨晖 . 探秘北京卫星地球站 ［J］. 上海信息化，2013（5）：46-49.

［275］蒋兴加 . 基于 FCS 变频恒压供水系统的应用设计 ［J］. 大众科技，2011（5）：133-134，144.

［276］蒋远辉 . 基于 SWE 的传感器 WEB 信息建模研究 ［D］. 西安工业大学，2011.

［277］教你快速实现无线网络中的安全设置 ［J］. 计算机与网络，2012，38（1）：49.

［278］解军艳 . 基于 RA 码的光纤通信纠错技术的研究 ［D］. 河南科技大学，2011.

［279］介明贝，茹清兰 . 计算机网络中的数据保密与安全 ［J］. 信息通信，2012（3）：162-163.

［280］金敏，鲁华祥 . 一种遗传算法与粒子群优化的多子群分层混合算法 ［J］. 控制理论与应用，2013，30（10）：1231-1238.

［281］金明 . 基于汽车产业的企业生态圈研究 ［D］. 山东师范大学，2012.

［282］金士尧，黄红兵，范高俊 . 面向涌现的多 Agent 系统研究及其进展 ［J］. 计算机学报，2008（6）：881-895.

［283］金世纪教育 . http：//www. 21jsj. com.

［284］金哲 . 人工智能技术在财务管理中的应用 ［J］. 中国市场，2020（19）：145，147.

［285］靳静 . 大脑中的负激活及其网络研究 ［D］. 大连理工大学，2006.

［286］景方 . 城市发展模型的研究 ［D］. 哈尔滨理工大学，2003.

［287］开发者在线 . http：//www. builder. com. cn.

［288］阚立峰 . 工具线形痕迹单点激光检测特征自适应匹配技术研究 ［D］. 昆明理工大学，2018.

［289］科技中国 . http：//wiki. chinalabs. com.

［290］科技中国 . http：//www. techcn. com. cn.

［291］科学网 . http：//blog. sciencenet. cn.

［292］孔令仲，唐鼎甲 . RFID 在电子标签中的应用 ［J］. 信息化研究，2011，37（4）：61-65.

［293］雷锋网 . https：//www. leiphone. com.

［294］雷宇 . 行政办公楼局域网络现状探析 ［J］. 信息与电脑（理论版），2010（2）：82-83，86.

［295］李兵 . 对抗主动探测水下目标声隐外形优化设计 ［D］. 江苏科技大学，2020.

［296］李伯虎，柴旭东．信息时代的仿真软件［J］．系统仿真学报，1999（5）：316-320.

［297］李朝健．一种并行分层聚类算法的研究和实现［D］．湘潭大学，2007.

［298］李丹．MCGS 监控组态软件在密地选矿厂破碎车间的应用［D］．昆明理工大学，2004.

［299］李冬青．民用客机自动着陆控制系统的研究［D］．大连海事大学，2006.

［300］李国柱，黄本春，潘清华．模糊数学在市场调查及决策中的应用［J］．石家庄经济学院学报，2001（3）：269-271.

［301］李恒超，林鸿飞，杨亮，等．一种用于构建用户画像的二级融合算法框架［J］．计算机科学，2018，45（1）：157-161.

［302］李洪奎．精密机床直线伺服系统摩擦引起的混沌研究［D］．沈阳工业大学，2004.

［303］李惠，刘颖．基于语言模型和特征分类的抄袭判定［J］．计算机工程，2013，39（5）：230-234.

［304］李慧斌．基于 Nginx 的高并发服务模型的研究［D］．浙江理工大学，2020.

［305］李建峰．害虫-天敌捕食系统椭圆突变模型的突变分析及应用［D］．西北农林科技大学，2012.

［306］李建国．浅谈网络信息传播的监督和管理［J］．图书馆论坛，2003（3）：48-50.

［307］李建忠．综采工作面 PC 机虚拟现实系统的研究［D］．太原理工大学，2003.

［308］李婕．虚拟现实在安监应急系统的应用研究［D］．大连交通大学，2013.

［309］李劲，肖人彬．涌现计算综述［J］．复杂系统与复杂性科学，2015，12（4）：1-13.

［310］李警阳，张忠国，孙春宝，等．基于分形学的絮凝理论研究进展［J］．化工进展，2012，31（12）：2609-2614，2625.

［311］李军，孙玉方．计算机安全和安全模型［J］．计算机研究与发展，1996（4）：312-320.

［312］李军政，黄海，黄瑞阳，等．基于卡方检验和 SVM 的用户搜索画像技术研究［J］．电子设计工程，2017，25（24）：6-10.

［313］李丽柏．3D 技术原理及发展状况和前景［J］．无线互联科技，2013（11）：162，236.

［314］李亮．基于语义稀疏表示的不良图像检测算法［D］．西安电子科技大学，2011.

［315］李琳．数据库应用系统结构发展分析［J］．电子世界，2016（14）：141.

［316］李美莲，郑杨．物联网与电子标签［J］．今日科苑，2010（13）：136.

[317] 李梦宇, 张泽亚, 张知, 等. 基于 CART 算法的电能表故障概率决策树分析 [J]. 电力大数据, 2017, 20 (10): 7-10, 60.

[318] 李玟函, 尚何桧, 王怡仙, 等. 不规则建筑模型的优化方案研究 [J]. 福建电脑, 2021, 37 (1): 40-42.

[319] 李明海. 中央空调水系统的优化控制与节能技术研究 [D]. 西安建筑科技大学, 2011.

[320] 李明泉. 模糊描述逻辑 F-SHIQ 公理体系及其推理机制的研究 [D]. 天津大学, 2008.

[321] 李念东. 背景复杂的机票信息识别技术的研究 [D]. 电子科技大学, 2011.

[322] 李品钰. 隧道现场施工监控量测数据分析中回归模型的选择与优化 [D]. 长沙理工大学, 2012.

[323] 李平. 港口泊位分配与装卸桥调度系统的建模与优化 [D]. 天津理工大学, 2007.

[324] 李平. 企业智力资本开发的战略思考 [J]. 现代管理科学, 2006 (1): 39-41.

[325] 李琦. 人脸检测算法研究及其在视频中的应用 [D]. 西安电子科技大学, 2005.

[326] 李旗号, 赵卫东, 杜雪寒. 一种基于案例的医疗诊断支持系统 [J]. 计算机工程与应用, 2000 (6): 173-176.

[327] 李强. 网络安全与防护在企业中的应用 [J]. 才智, 2010 (36): 64.

[328] 李乔, 郑啸. 云计算研究现状综述 [J]. 计算机科学, 2011, 38 (4): 32-37.

[329] 李爽. 基于区块链技术的教育培训行业发展趋势研究 [J]. 科技经济导刊, 2018, 26 (36): 95-97.

[330] 李思佳. 浅谈勒索病的防范与对策 [J]. 电脑知识与技术, 2017, 13 (17): 49-50.

[331] 李涛, 徐喆, 严爱军, 等. 基于案例推理的小麦叶面积指数估算研究 [J]. 科学技术与工程, 2014, 14 (28): 58-63.

[332] 李铜山, 王艳蕊. 数字农业助推我国农业高质量发展研究 [J]. 河南工业大学学报 (社会科学版), 2021, 37 (1): 1-7.

[333] 李薇. 基于人工神经网络的水面运动目标识别技术研究 [D]. 哈尔滨工程大学, 2007.

[334] 李玮琦. 程序设计方式改进研究及优化策略 [J]. 电脑知识与技术, 2016, 12 (22): 65-66.

[335] 李霞, 王维新. 虚拟技术在农业机械中的应用 [J]. 农机化研究, 2005

（3）：54-55，58.

[336] 李祥飞．混沌优化理论在控制系统设计中的研究［D］．中南大学，2003.

[337] 李兴海．低功率无线跳频电台及同步技术研究［D］．西安电子科技大学，2009.

[338] 李兴娟．基于 DP 通信的 KTP1200BasicDP 触摸屏应用实例［J］．矿山机械，2018，46（7）：72-74.

[339] 李兴玮，曹娟．仿真计算机的过去、现在和未来［J］．系统仿真学报，2009，21（S2）：106-111.

[340] 李言兵．基于随机森林算法模型的干扰预测［J］．山东通信技术，2017，37（4）：22-23，27.

[341] 李彦．聚合氯化铝（PAC）混凝絮体分形结构及气浮去除特性的研究［D］．西安建筑科技大学，2004.

[342] 李莹．论网络环境中的隐私安全与防护［J］．山西财经大学学报，2011，33（S1）：293.

[343] 李勇杰，黄治俭，廖荆．激光 3D 打印技术最新进展及发展趋势［R］．中国光学学会，2017：5.

[344] 李佑兵，石红，黎章．基于 RFID 技术的矿车通行实时监控管理系统［J］．计算机应用，2010，30（S2）：297-299.

[345] 李袁．矿井通风系统图形管理平台的研究与设计［D］．安徽理工大学，2009.

[346] 李岳男．沪深 300 股指期货程序化交易策略设计［D］．沈阳工业大学，2019.

[347] 李智，马永红，梁振山．眉县猕猴桃"互联网+"建设与示范——以齐峰富硒猕猴桃专业合作社为例［J］．陕西林业科技，2018，46（6）：14-19.

[348] 厉剑，张绍雄，刘俊杰，李成柱．大数据引发信息时代新变革［J］．大众科技，2013，15（12）：7-10.

[349] 连学强．无下采样 Contourlet 变换及其在图像处理中的应用研究［D］．厦门大学，2008.

[350] 廖伟．考虑共同配送和能耗的车辆路径问题优化研究［D］．西南交通大学，2014.

[351] 廖瑛，陆斌，邓方林，梁加红．仿真语言及仿真软件的现在与展望［J］．计算机工程与科学，1999（1）：10-15.

[352] 林建新．直驱风电机组不间断并网运行控制策略研究［D］．福州大学，2016.

[353] 林萍，许琪，胡辰光．供应链商业生态系统竞争优势［J］．市场周刊（理论研究），2011（4）：61-63.

[354] 林省．物联网技术在仓储物流中的应用研究［J］．中外企业家，2020（20）：131．

[355] 林文轩，赵学刚．智能可穿戴设备在商业银行的应用研究［J］．商业经济，2017（8）：158-160．

[356] 林毋梦．网格监测系统基础架构的研究与实现［D］．兰州大学，2007．

[357] 林夏水．国内非线性科学哲学研究综述［J］．哲学动态，2000（6）：25-29．

[358] 林玉娥．粒子群优化算法的改进及其在管道保温优化设计中的应用［D］．大庆石油学院，2006．

[359] 林昭旭．支持5G新特性的信道仿真仪上位机架构的设计与实现［D］．北京邮电大学，2020．

[360] 林兆骥，高峰，游世林，等．大数据时代的新媒体安全技术研究［J］．电信网技术，2013（11）：16-19．

[361] 蔺源．基于用户行为的网格资源发现相关问题研究［D］．北京交通大学，2011．

[362] 凌利．基于视频的公交车辆检测技术研究［D］．北方工业大学，2013．

[363] 凌振宝，王君，邱春玲．基于MSP430单片机的智能变送器设计［J］．仪表技术与传感器，2003（8）：32-33．

[364] 刘安蓉，李莉，曹晓阳，等．颠覆性技术概念的战略内涵及政策启示［J］．中国工程科学，2018，20（6）：7-13．

[365] 刘秉瀚，王伟智．仿人自学习控制器［J］．电子与自动化，1997（4）：7-10，51．

[366] 刘秉瀚，王伟智．智能控制的自学习方法［J］．系统工程与电子技术，1997（3）：48-51．

[367] 刘秉瀚，杨小玲，王伟智．晶体培育过程的智能控制［J］．兵工自动化，1997（4）：21-24．

[368] 刘长伟．基于中国移动客服语料的意图分析辅助决策系统的设计与实现［D］．北京交通大学，2019．

[369] 刘充，牟海娟．浅谈网络信息安全［J］．中外企业家，2012（5）：130-131．

[370] 刘春雨．红星农场与高校合作研发数字农业［N］．黑河日报，2009-04-20（002）．

[371] 刘凤娟．论新形势下计算机信息保密与安全防范措施［J］．中国科教创新导刊，2014（1）：169．

[372] 刘贵明．浅谈计算机网络安全问题的预防［J］．科技信息（学术研究），2007（16）：151．

[373] 刘国宏．勒索病毒研究与企业应对实例［J］．网络安全技术与应用，2017

（11）：113-114，131.

［374］刘海波．金融时序数据的多重分形与自组织临界问题研究［D］．国防科学技术大学，2006.

［375］刘海猛，方创琳，毛汉英，等．基于复杂性科学的绿洲城镇化演进理论探讨［J］．地理研究，2016，35（2）：242-255.

［376］刘海启．加快数字农业建设 为农业农村现代化增添新动能［J］．中国农业资源与区划，2017，38（12）：1-6.

［377］刘华煜．基于支持向量机的机器学习研究［D］．大庆石油学院，2005.

［378］刘会刚．变速箱体智能化生产车间刀具管理系统的设计与实现［D］．厦门大学，2019.

［379］刘佳．浅谈计算机网络的发展方向［J］．黑龙江科技信息，2016（19）：167.

［380］刘建香．复杂网络及其在国内研究进展的综述［J］．系统科学学报，2009，17（4）：31-37.

［381］刘剑，曹美燕，高治军，等．一种基于随机森林的太阳能辐射预测模型［J］．控制工程，2017，24（12）：2472-2477.

［382］刘峤，李杨，段宏，等．知识图谱构建技术综述［J］．计算机研究与发展，2016，53（3）：582-600.

［383］刘杰辰．基于Myo臂环的手语识别算法的研究［D］．哈尔滨工程大学，2018.

［384］刘金玲．浅析计算机病毒防治与广播电视网络信息安全［J］．电视指南，2017（14）：227.

［385］刘晶．一种适用于产品防伪的数字水印系统设计与实现［D］．电子科技大学，2008.

［386］刘晶晶．无线传感器网络生存性研究［D］．福建师范大学，2013.

［387］刘利波，周洁．几种常规群体智能算法的研究进展［J］．电子技术与软件工程，2016（3）：165.

［388］刘苗，谭永东，贾世民．基于云计算的油气管道SCADA系统设计［J］．制造业自动化，2015，37（22）：4-6.

［389］刘平，刘鹏龙．基于Matlab的电力系统故障分析与仿真［R］．中国自动化学会，2007：3.

［390］刘秋楠．高速传带设备的控制问题研究及其检测［D］．兰州理工大学，2010.

［391］刘善球．科技型企业家隐性资本研究［D］．中南大学，2005.

［392］刘涛，陈忠，陈晓荣．复杂网络理论及其应用研究概述［J］．系统工程，2005（6）：1-7.

[393] 刘涛. 浅析信息加密的特性 [J]. 成都教育学院学报, 2005 (3): 61-66.

[394] 刘炜. 无线网络资源动态监测与分配技术研究 [D]. 电子科技大学, 2015.

[395] 刘文卫. 基于熵理论的高校成人教育师资管理研究 [J]. 湖南社会科学, 2008 (4): 174-177.

[396] 刘文霞. 数字水印算法研究 [D]. 延安大学, 2009.

[397] 刘玺. 面向对象的汽车制动专家系统推理机的研究与开发 [D]. 吉林大学, 2008.

[398] 刘贤梅, 李勤, 司国海, 等. 虚拟现实技术及其应用 [J]. 大庆石油学院学报, 2002 (2): 112-115, 140-141.

[399] 刘向举, 李敬兆. 汇编语言精品课程立体化教学模式探索 [J]. 教书育人, 2013 (3): 94-95.

[400] 刘小晶. 基于模糊语言偏好表示的群体决策支持评价方法研究 [D]. 华东师范大学, 2010.

[401] 刘晓庆, 陈仕鸿. 复杂网络理论研究状况综述 [J]. 现代管理科学, 2010 (9): 99-101.

[402] 刘晓松. 电力系统应用的仿真技术分析 [J]. 机电信息, 2010 (36): 51-52.

[403] 刘晓钊. 基于尖点突变理论的桩基屈曲稳定分析 [D]. 江苏大学, 2017.

[404] 刘欣灵. 3D 打印机及其工作原理 [J]. 网络与信息, 2012, 26 (2): 30.

[405] 刘旭, 石萌, 杨耀庭, 等. 5G 大规模阵列天线发展趋势分析 [J]. 电信技术, 2019 (1): 93-96.

[406] 刘旭. 计算机网络通信协议探析 [J]. 科技创新导报, 2012 (11): 33.

[407] 刘雪雪. 自动识别技术在物流管理中的应用探究 [J]. 科技经济导刊, 2019, 27 (19): 29.

[408] 刘延斌, 金光. 半实物仿真技术的发展现状 [J]. 光机电信息, 2003 (1): 27-32.

[409] 刘艳妮. 基于 LVQ 神经网络和灰度共生矩阵的遥感图像分类及其应用 [D]. 成都理工大学, 2009.

[410] 刘尧. 混凝土搅拌站控制系统的设计与实现 [D]. 北京交通大学, 2012.

[411] 刘莹. 网格计算环境下任务调度算法研究 [D]. 西安电子科技大学, 2017.

[412] 刘永顺, 牛文学. 浅谈传感器 [J]. 物理与工程, 2003 (4): 45-46, 54.

[413] 刘勇. 区域输电网雷击闪络风险评估技术研究 [D]. 华南理工大学, 2012.

[414] 刘宇, 彭刚, 王涛, 等. 一种基于 ZigBee 技术的 RFID 系统网络构建方法

[J]．广西科学院学报，2010，26（4）：455-457．

[415] 刘宇．基于 VC++的工控组态软件实时数据库系统的设计与实现 [D]．兰州理工大学，2003．

[416] 刘宇．网上专家经济观点自动挖掘研究 [D]．首都经济贸易大学，2017．

[417] 刘臻．计算机应用新领域——数据挖掘前景及应用探究 [J]．计算机光盘软件与应用，2012，15（17）：134，136．

[418] 龙柏．并行计算平台上的数据索引技术研究 [D]．中国科学技术大学，2011．

[419] 龙燕，韦运玲．制约物联网发展的因素研究 [J]．广东通信技术，2010，30（12）：40-42，58．

[420] 卢挺．利用复杂网络理论研究三峡库区流域水华暴发行为 [D]．重庆大学，2009．

[421] 卢益清，李忱．本体和规则在营销策略自动推理中的应用 [J]．北京信息科技大学学报（自然科学版），2012，27（1）：63-69．

[422] 芦晓红．基于可穿戴技术的智慧图书馆管理与服务研究 [J]．图书馆学刊，2016，38（10）：114-117．

[423] 芦效峰，景培荣．智慧城市的支撑技术——计算机网络技术 [J]．智能建筑与城市信息，2012（8）：97-102．

[424] 陆德友，李书臣．自学习参数估计仿人智能控制方法 [A]．中国控制与决策学术年会，2006：3．

[425] 陆浩东．论知识转移与高校学科化知识服务实现机制 [J]．河南图书馆学刊，2012，32（4）：6-8，12．

[426] 陆鸣．第三方支付企业银行卡收单系统的设计与实现 [D]．上海交通大学，2012．

[427] 逯焱．一种新的基于扩展规则的知识编译方法 [D]．东北师范大学，2009．

[428] 路士兵．浅谈计算机汇编语言的特点和学习方法 [J]．科技创新导报，2014，11（20）：216．

[429] 吕金刚，王永杰，鲜明．计算机网络信息安全技术分析 [J]．中国新通信，2006（15）：21-25．

[430] 吕卫平，张晓梅．基于 SPSS 的聚类分析应用 [J]．福建电脑，2013，29（9）：20-23．

[431] 论文网．http：//biyelunwen.yjbys.com．

[432] 罗冬梅．计算机安全与安全策略 [J]．南平师专学报，2003（4）：64-67．

[433] 罗军舟，金嘉晖，宋爱波，等．云计算：体系架构与关键技术 [J]．通信学报，2011，32（7）：3-21．

[434] 罗作民, 张景, 李军怀, 等. 网格计算及其关键技术综述 [J]. 计算机工程与应用, 2003 (30): 18-22.

[435] 骆冲, 邬春学. 一种改进的字典学习方法在医疗疾病分析中的应用 [J]. 电子科技, 2019, 32 (2): 47-50, 55.

[436] 雒航通. 基于 DBN 的改进深度学习模型及应用研究 [D]. 西安理工大学, 2018.

[437] 马海滨. 基于对等网络的流媒体版权保护机制研究 [D]. 南京邮电大学, 2011.

[438] 马君, 刘强, 孙先明. 数字农业现状及其工程技术发展方向 [J]. 农机使用与维修, 2019 (12): 1-3.

[439] 马力, 李沙沙. 基于词向量的文本分类研究 [J]. 计算机与数字工程, 2019, 47 (2): 281-284, 303.

[440] 马琴, 马玉玲, 孙元帅, 等. 锅炉汽包液位检测与控制 [J]. 自动化技术与应用, 2008 (11): 86-89.

[441] 马亚梅. 可持续发展网络群体认知的模型研究 [D]. 昆明理工大学, 2010.

[442] 马臻. 基于免疫算法的电子渠道软件测试用例生成 [J]. 应用科技, 2011, 38 (4): 44-47.

[443] 马忠彧, 马宏锋, 郭群, 等. 5G 毫米波蜂窝网组网关键技术综述 [J]. 中国有线电视, 2016 (12): 1394-1400.

[444] 蚂蚁文库. https://www.mayiwenku.com.

[445] 猫扑网. http://tt.mop.com.

[446] 毛腾跃, 徐正全, 朱容波, 等. 下一代卫星网络发展研究 [J]. 电信科学, 2012, 28 (6): 109-113.

[447] 毛欣. 连接、对抗、在场: "云传播" 时代的主播话语体系解构 [J]. 中国广播, 2021 (2): 49-51.

[448] 孟龙, 周明. 无线通信技术在物流领域的应用及发展前景 [J]. 中国储运, 2019 (7): 110-113.

[449] 孟祥胤. 突发公共事件中社会资本变化特征分析 [D]. 天津大学, 2009.

[450] 孟秀转, 胡克谨, 郝晓玲. 基于数据仓库的银行网络审计研究 [J]. 中国审计, 2008 (9): 67-69.

[451] 孟宜成. 粗集理论在机器学习中的应用与研究 [D]. 昆明理工大学, 2008.

[452] 米沃奇. 解读不断发展的云计算 [J]. 电脑知识与技术, 2016 (8): 113-115.

[453] 苗开超. 基于指数平滑模型的农产品价格预测研究 [D]. 合肥工业大

学，2009.

[454] 磨莉．浅析计算机网络安全防范措施 [J]．数码世界，2017（6）：148-149.

[455] 牟笑竹．浅谈 RFID 标签的丝网印刷工艺 [J]．网印工业，2010（12）：45-47.

[456] 穆杰，王俏洁．论有线电视工程系统在现代医疗体系中的科研与实际应用 [J]．广播与电视技术，2010，37（12）：150-151.

[457] 南铉国．基于语句相似度计算的主观题自动评分技术研究 [D]．延边大学，2007.

[458] 倪策．基于局部图结构与韦伯局部描述符的人脸识别技术研究 [D]．长安大学，2017.

[459] 倪姗，曹伟智．3D 打印技术在仿生类文化创意产品设计中的应用 [J]．工业设计，2021（1）：44-45.

[460] 聂凯，沈记全，鞠志刚．网格体系结构的相关研究 [J]．福建电脑，2005（7）：20-21.

[461] 宁宁．软件可靠性模型及其参数估计 [D]．电子科技大学，2008.

[462] 牛华网．http：//news.newhua.com.

[463] 牛牛文库．https：//www.niuwk.com.

[464] 欧金成，欧世乐，林德杰，彭备战．组态软件的现状与发展 [J]．工业控制计算机，2002（4）：1-5.

[465] 欧阳昕．无线传感器网络应用中的关键环节 [J]．科技创业月刊，2012，25（8）：181-182.

[466] 潘明，陈艺．3S 技术在精准农业中的应用 [J]．现代农业装备，2011（6）：56-58.

[467] 潘庆．分形论——一门新兴的综合学科 [J]．广西林业科学，2000（3）：125-129.

[468] 潘苏子．填平老年人的"数字鸿沟" [J]．中华魂，2021（1）：39-40.

[469] 逄淑宁．可穿戴设备技术产业发展研究 [J]．电信网技术，2014（5）：21-24.

[470] 逄淑宁．移动智能穿戴设备发展状况分析及建议 [J]．现代电信科技，2015，45（2）：1-5.

[471] 彭艳斌，艾解清．基于相关向量机的协商决策模型 [J]．南京理工大学学报，2012，36（4）：600-605.

[472] 亓慧．议当代人工智能的应用领域和发展状况 [J]．福建电脑，2008（5）：16，33.

[473] 齐玉梅，方芳，宋传平．条码技术——物流管理的基石 [J]．技术经济与

管理研究，2007（3）：62-63.

　　[474] 祁豆豆. 传感器"点金"可穿戴设备多家上市公司抢先研发新品［N］. 上海证券报，2013-08-02（A05）.

　　[475] 秦礼昕. 试析计算机网络安全中存在的问题及防范策略［J］. 民营科技，2013（1）：59.

　　[476] 秦钦，李潍，朱松盛，等. 可穿戴设备的现状及未来发展方向［J］. 南京医科大学学报，2017，37（2）：149-153，230.

　　[477] 邱元阳，刘宗凡，陈守家，刘树明. 逆向工程大家谈［J］. 中国信息技术教育，2013（9）：59-63，75.

　　[478] 邱泽国，袁秀昂. 基于改进SIR模型的短视频平台网络舆情演化研究［J］. 商业经济，2021（2）：135-138.

　　[479] 饶建平，饶兰香. 计算机网络安全现状与防护策略［J］. 合作经济与科技，2011（6）：48.

　　[480] 任宏飞. 陕西省交通行业信息专网的设计与实现［D］. 长安大学，2011.

　　[481] 任惠霞. 完善网络安全中计算机信息应用技术的探讨［J］. 数字技术与应用，2016（11）：205.

　　[482] 任慧，李春雷. 我国休闲体育产业价值链构造及延伸路径研究［J］. 天津体育学院学报，2011，26（1）：15-18.

　　[483] 任建刚. 基于可信计算的Web服务安全增强技术的设计与实现［D］. 国防科学技术大学，2014.

　　[484] 任静，郝杰. 计算机网络安全分析与探讨［J］. 民营科技，2008（11）：40.

　　[485] 任磊. 虚拟计算机网络组网与通信研究［J］. 电脑知识与技术，2010，6（2）：294-295.

　　[486] 容静宝，李文锋. 第5代通信关键技术的展望［J］. 广东通信技术，2015，35（7）：76-79.

　　[487] 阮平南，杨丽静. 复杂网络视角下战略网络节点重要性分析［J］. 商业时代，2013（6）：56-57.

　　[488] 芮筱瑾. 关于劲量公司降低滞销风险订货方式的研究［D］. 复旦大学，2009.

　　[489] 三联网. http：//www.3lian.com.

　　[490] 商业评论百科. http：//wiki.ebusinessreview.cn.

　　[491] 尚蕾. 云计算环境下的开放实验教学研究［J］. 福建电脑，2012，28（5）：37-39.

　　[492] 邵烽. 基于OFDM系统的LDPC编解码研究［D］. 南京邮电大学，2013.

　　[493] 邵堃，刘宗田，孙智勇. 分布式计算环境的比较研究［J］. 计算机工程与

应用，2001（13）：26-29.

［494］申超杰．改进的 BA 复杂网络模型度分布的演化［D］．河北工业大学，2007.

［495］沈苏彬，杨震．物联网体系结构及其标准化［J］．南京邮电大学学报，2015，35（1）：1-18.

［496］石静．基于数据挖掘的学生行为对学业成绩影响的研究［D］．华中师范大学，2017.

［497］石晓光．论信息的集中传输［J］．铁道通信信号，2005（12）：36-37.

［498］时俊鹏．基于 CESM 的 RTM 的联合计算模式研究［D］．华北水利水电大学，2018.

［499］时龙．复杂性科学研究视野中的学校发展与变革［J］．教育科学研究，2020（4）：5-9.

［500］史成城，张宏立．电动缸测控系统的仿真与通信［J］．自动化仪表，2013，34（7）：19-21.

［501］史玮，蔡钧．基于改进遗传算法的双波带阻抗变换器设计［J］．无线电工程，2014，44（7）：76-78.

［502］史元春，徐光祐，高原．中国多媒体技术研究：2005［J］．中国图象图形学报，2006（7）：1-18.

［503］史元春，徐光祐，高原．中国多媒体技术研究：2011［J］．中国图像图形学报，2012，17（7）：741-747.

［504］史政纲．浅议计算机网络安全技术的问题及解决办法［J］．科技资讯，2007（13）：70.

［505］史忠植．迅速发展的计算机科学［J］．应用基础与工程科学学报，1994（1）：95-103.

［506］史作锋．ZigBee 技术在无线传感器网络中的研究与应用［D］．武汉科技大学，2009.

［507］世界大学城．http：//www. worlduc. com.

［508］舒隽．物联网的安全危机及对策探讨［J］．中国公共安全，2010（4）：101-105.

［509］数字中国．http：//www. madio. net.

［510］司应硕，杨文涛．贝叶斯网络在数据挖掘中的应用［J］．软件导刊，2016，15（4）：169-170.

［511］宋博林．可穿戴设备的现状和未来发展方向概述［J］．硅谷，2014，7（8）：9-10.

［512］宋丹，黄旭，谢尔曼．生物识别：从身份认证走向金融支付［N］．上海证券报，2015-12-29（009）.

［513］宋丹，黄旭．生物识别技术及其在金融支付安全领域的应用［J］．信息安全研究，2016，2（1）：27-32．

［514］宋恒立．云计算环境中的计算机网络安全［J］．数码世界，2018（12）：220．

［515］宋思颖．基于复杂网络理论的成品油供应链网络实证研究［D］．西南财经大学，2010．

［516］宋威．基于嵌入式结构虚拟干式复合机的设计与实现［D］．武汉理工大学，2006．

［517］搜狗百科．https：//baike.sogou.com．

［518］苏畅．无线网络的安全性研究［J］．科技创新与应用，2015（12）：87．

［519］苏建明，张续红，胡庆夕．展望虚拟现实技术［J］．计算机仿真，2004（1）：18-21．

［520］苏晶蕾，陈明．物联网驱动下的企业市场营销管理创新策略研究［J］．现代营销（经营版），2020（12）：158-159．

［521］苏淑玲．机器学习的发展现状及其相关研究［J］．肇庆学院学报，2007（2）：41-44．

［522］孙聪．基于脚本一次性口令系统的研究和实现［J］．信息安全与技术，2013，4（6）：21-23．

［523］孙东阳．多传感器数据融合技术及其在烟尘颗粒浓度测量系统中的应用研究［D］．青岛科技大学，2014．

［524］孙国强．网络组织的内涵、特征与构成要素［J］．南开管理评论，2001（4）：38-40．

［525］孙国强．网络组织系统的结构设计与功能分析［J］．系统辩证学学报，2002（1）：24-26，49．

［526］孙寒冰．人工智能对财会领域的挑战［J］．合作经济与科技，2021（11）：162-163．

［527］孙会良．网络型组织的产生、特征与功能——经济学角度的分析［J］．经济师，2003（1）：43-44．

［528］孙建中，徐晓海．大数据时代的思维变革［J］．信息通信，2014（11）：137-138．

［529］孙平定，蔡润，谢成阳，等．基于遗传优化神经网络的边坡稳定性评价［J］．现代电子技术，2019，42（5）：75-78．

［530］孙薇，高茜.3D技术在互联网中的应用分析［J］．经济研究导刊，2008（8）：230-232．

［531］孙妍姑，庄卫华．数据库网格研究及其在远程教学中的应用［J］．淮南师范学院学报，2005（3）：15-17．

［532］谭佳琳. 粒子群优化算法研究及其在海底地形辅助导航中的应用［D］. 哈尔滨工程大学，2010.

［533］谭世恒，余卫宇. 一种新型的全局优化算法——细胞膜优化算法［J］. 计算机应用研究，2011，28（2）：455-457.

［534］谭文. 混沌系统的模糊神经网络控制理论方法研究［D］. 湖南大学，2006.

［535］唐红，王海涛，黄鼎. 互联网中突现现象的初步研究［J］. 重庆邮电大学学报，2009，21（5）：632-637，646.

［536］唐小勇. 马尔科夫链问题算法研究［D］. 电子科技大学，2015.

［537］陶倩，徐福缘. 基于机制的复杂适应系统建模［J］. 计算机应用研究，2008（5）：1396-1399.

［538］陶运铮. 卜一代无线网络的高能效资源分配研究［D］. 北京邮电大学，2018.

［539］天涯网. http：//bbs. tianya. cn；http：//blog. tianya. cn；http：//wenda. tianya. cn.

［540］田佳，王一平. 基于 FPGA 的带 CRC 校验的异步串口通信［J］. 现代电子技术，2010，33（20）：5-7.

［541］田兴玲. 元胞自动机用于舆论和选举的模拟研究［D］. 广西师范大学，2006.

［542］童祝稳. 基于地磁传感器车位实时检测和管理系统的研究［D］. 杭州电子科技大学，2018.

［543］推信网. http：//www. tuixinwang. cn.

［544］万鹏. 基于 OGSA 的网格服务研究［D］. 合肥工业大学，2004.

［545］汪莉莉. 智慧的大数据洞察新价值［J］. 中国建设信息，2013（6）：10-13.

［546］汪明艳. Java 模拟细胞自动机［D］. 大连铁道学院，2002.

［547］王宝龙. 数字化农业的发展现状与数字化蜂业未来［J］. 中国蜂业，2019，70（11）：14-15.

［548］王蓓，孟伟民. 无线传感器网络在信息战中的运用探讨［J］. 中国科技信息，2005（23）：44.

［549］王辰光. 复杂适应系统理论在股市模拟中的应用［J］. 经济研究导刊，2013（23）：221-222.

［550］王传会，公维凤，等. 基于系统冲击的灰色预测模型及其应用研究［J］. 运筹与管理，2017，26（3）：172-177.

［551］王春妍. 大数据与计算机信息处理技术［J］. 黑龙江科技信息，2016（3）：156.

［552］王丹. 综合计划管理的理论基础及其应用［J］. 企业导报，2012（13）：

67-68.

[553] 王栋. 船舶型线图识别技术与人工智能 [D]. 上海船舶及海洋工程研究所, 2005.

[554] 王盖. 网络安全对策分析 [J]. 科技视界, 2012 (20): 193-194.

[555] 王国勇. 基于多子网优化组合的贝叶斯网络结构与学习模型研究 [D]. 华南理工大学, 2013.

[556] 王汉杰, 刘超. 公安无线专网宽窄带融合发展趋势探讨 [J]. 警察技术, 2017 (6): 4-8.

[557] 王辉, 沈洁, 石英琳. 基于物联网的供应链管理发展新趋势 [J]. 商业时代, 2010 (26): 21-22.

[558] 王佳乐. 搜索引擎的文本聚类研究 [J]. 商业经济, 2014 (3): 101-102.

[559] 王佳明, 刘文颖, 张建立. 恶劣天气下的复杂电网连锁故障在线预警 [J]. 电网技术, 2012, 36 (5): 239-244.

[560] 王建. 一种易二次开发的新型短信猫的设计与应用 [J]. 学周刊, 2012 (27): 8.

[561] 王建宇. 浅谈大数据与云计算的协同发展 [J]. 信息系统工程, 2016 (3): 159.

[562] 王江云, 向化, 王行仁. 基于网格技术的分布仿真方法研究 [J]. 计算机仿真, 2007 (1): 10-13, 62.

[563] 王金巴. 复杂理论: 应用语言学研究的跨学科视角 [J]. 运城学院学报, 2018, 36 (1): 1-5.

[564] 王久君. 基于解析型字典学习的数据分类方法研究 [D]. 大连理工大学, 2018.

[565] 王丽. 一种适用于受控制端能力有限的远程控制的安全通信方法 [D]. 华南理工大学, 2011.

[566] 王利利, 马海磊. 飞行器和卫星网络的概述和发展前景 [J]. 商, 2015 (27): 214.

[567] 王明永. 基于云模型的人工鱼群算法 [D]. 华东理工大学, 2013.

[568] 王鹏远, 孙英, 黄建明. 基于复杂适应系统的作战理论哲学反思 [J]. 南京理工大学学报, 2008 (3): 108-112.

[569] 王琦. 基于 ASP 的网站安全策略 [D]. 吉林大学, 2009.

[570] 王琦. 基于人工蜂群算法的水位流量关系最优定线研究 [J]. 广西水利水电, 2012 (5): 30-33.

[571] 王倩. 基于 ISO18000-6B 协议的无源 UHFRFID 温度标签研究与设计 [D]. 天津大学, 2012.

[572] 王强, 王振国, 王天福. 气象信息传输的加密与解密 [J]. 甘肃科技,

2010, 26 (23): 20-24.

[573] 王强. 基于 TCP/IP 协议的嵌入式火警警报系统的设计与研究 [D]. 解放军信息工程大学, 2010.

[574] 王沁, 曾广平, 涂序彦. 广义人工生命在项目组合智能管理中的应用 [J]. 计算机工程与应用, 2017, 53 (3): 12-16, 22.

[575] 王瑞. 氧化铝生料浆配料专家系统设计 [D]. 昆明理工大学, 2008.

[576] 王莎莎, 郭威娜, 程锐涵, 等. 基于 ZigBee 的无线网络开发 [J]. 科技信息, 2013 (15): 62, 96.

[577] 王世进. 分形理论视野下的部分与整体研究 [J]. 系统科学学报, 2006 (1): 40-44.

[578] 王寿华. 利用组态软件组建地球站综合管理平台 [J]. 视听, 2010 (6): 7-9.

[579] 王淑芹. 组态软件 RSView32 的应用 [J]. 陕西煤炭, 2009, 28 (3): 104-105.

[580] 王涛. SX 软件公司总体战略研究 [D]. 四川大学, 2003.

[581] 王伟智. 智能自校正控制器 [J]. 微电子学与计算机, 1996 (4): 15-17.

[582] 王文宇. 现代密码技术发展及在数据安全中的应用 [J]. 计算机安全, 2012 (2): 36-39.

[583] 王祥凤. 设备结构缺陷无损自动识别算法研究 [D]. 东北电力大学, 2006.

[584] 王小龙. 可穿戴技术让医疗设备"更小、更软、更智能" [N]. 科技日报, 2016-04-17 (002).

[585] 王小云. 虚拟现实技术辅助产品造型设计研究 [D]. 山西大学, 2014.

[586] 王晓航. 计算机在社会中的应用以及未来发展展望 [J]. 黑龙江科技信息, 2008 (23): 79.

[587] 王旭. 基于环形自同构的半脆弱彩色图像数字水印算法 [D]. 吉林大学, 2009.

[588] 王雅. 基于复杂网络理论研究国际石油贸易结构特征和演化特性 [D]. 江苏大学, 2019.

[589] 王亚静. 基于网络安全的信息化发展问题分析 [J]. 通讯世界, 2019, 26 (1): 99-100.

[590] 王亚南. 专家系统中推理机制的研究与应用 [D]. 武汉理工大学, 2006.

[591] 王彦平. 基于钻井工艺过程的实时信息智能分析模型研究 [D]. 西安石油大学, 2012.

[592] 王毅, 李智深, 刘鹏. GLOBUS: 网格世界的 LINUX [J]. 中国计算机用户, 2005 (19).

[593] 王毅力, 李大鹏, 解明曙. 絮凝形态学研究及进展 [J]. 环境污染治理技

术与设备，2003（10）：1-9.

[594] 王银年. 遗传算法的研究与应用 [D]. 江南大学，2009.

[595] 王莹. 基于深度学习的文本分类研究 [D]. 沈阳工业大学，2019.

[596] 王滢波. 网络安全产业的"黄金时代" [J]. 上海信息化，2018（2）：31-34.

[597] 王友俊. RFID 技术的应用与发展趋势 [J]. 煤炭技术，2011，30（6）：219-220.

[598] 王源平. 复杂性科学视域下的农民生态道德治理 [J]. 社会科学家，2018（11）：35-38.

[599] 王铮，吴兵. GridGIS——基于网格计算的地理信息系统 [J]. 计算机工程，2003（4）：38-40.

[600] 王志远. WRSN 中多车实时协同充电调度研究 [D]. 大连理工大学，2018.

[601] 王子牛，陈娅先，等. 基于神经网络的词义消歧 [J]. 软件，2019，40（2）：11-15.

[602] 网络建站大百科. http：//www.cncso.org.

[603] 危疆树. 图像处理算法分析及其并行模式研究 [D]. 电子科技大学，2006.

[604] 微口网. http：//www.vccoo.com.

[605] 魏珉. 人工智能植物生长环境调控专家决策系统：CN200610139128.1 [P]. 2008-04-16.

[606] 邬伟杰. 基于支持向量机的指纹识别技术与实现方法研究 [D]. 华东理工大学，2015.

[607] 吴畅. 可添加/去除机器的动态布局优化研究 [D]. 上海交通大学，2008.

[608] 吴承洲，吴应良. 物联网技术发展与应用述评 [J]. 金卡工程，2011（Z2）：18-26.

[609] 吴春梅. 现代智能优化算法的研究综述 [J]. 科技信息，2012（8）：31-33.

[610] 吴德军. 公路软土地基处理设计与施工专家系统知识库的设计与应用 [D]. 长安大学，2006.

[611] 吴帆，万平英，张亮. 增强现实技术原理及其在电视中的应用 [J]. 电视技术，2013，37（2）：40-43，47.

[612] 吴帆，张亮. 增强现实技术发展及应用综述 [J]. 电脑知识与技术，2012，8（34）：8319-8325.

[613] 吴海洋，缪巍巍，等. 基于改进决策树的电力通信设备状态预测算法研究 [J]. 计算机与数字工程，2021，49（1）：17-20，74.

[614] 吴佳忆，阮仪，曾柒龙. 大数据思维对高校学生管理工作的启发 [J]. 青

年与社会，2019（6）：84-85.

［615］吴价宝．物联网产业发展的国际经验及启示［J］．江海学刊，2011（6）：83-87.

［616］吴杰．地铁自动补票机系统的设计与开发［D］．南京理工大学，2013.

［617］吴俊梅．基于社会资本网络的企业跃迁行为研究［J］．当代经济，2012（17）：54-55.

［618］吴六三．基于网络熵的网络可靠性研究［D］．南京航空航天大学，2014.

［619］吴萍，姜黎霞．熵的泛化及应用［J］．北京联合大学学报，2005（4）：28-31.

［620］吴怡，陆圣师．基于全息投影技术的通信保障方案研究［J］．数字通信世界，2020（11）：24-26，29.

［621］吴哲．大型水陆两栖飞机海上救援技术研究［D］．南京航空航天大学，2018.

［622］吴子健．基于生物识别技术的智能检票终端系统建构研究［J］．数码世界，2018（12）：59-60.

［623］伍杰华，朱岸青．混合拓扑因子的科研网络合作关系预测［J］．现代图书情报技术，2015（4）：65-71.

［624］伍青生，余颖，井淼．动态环境下企业战略理论发展的启示［J］．上海管理科学，2009，31（6）：87-92.

［625］伍育红．浅议聚类分析方法［J］．计算机科学，2012，39（S1）：325-327.

［626］武飞周，薛源．智能算法综述［J］．工程地质计算机应用，2005（6）：20.

［627］武金刚．知识图谱-搜索引擎的进化［J］．百科知识，2013（22）：28-29.

［628］习武．石墨烯聚合物复合材料力学性能研究［D］．上海工程技术大学，2016.

［629］夏妍．计算机网络的发展及应用研究［J］．科技信息（科学教研），2008（22）：381.

［630］向驹．计算机网络安全问题及对策［J］．华南金融电脑，2007（6）：74-76.

［631］向凌．梯级水电站优化运行的算法及应用研究［D］．华中科技大学，2004.

［632］向晓明．基于分布式蚁群算法的 TSP 问题研究［D］．西南交通大学，2009.

［633］项后军，周昌乐．人工智能的前沿——智能体理论及其哲理［J］．自然辩证法研究，2001（10）：29-33.

［634］肖绘郦．智能答疑系统的策略研究［D］．北京邮电大学，2008.

［635］肖慧．知识辅助系统及其在工艺设计领域的应用研究［D］．北京交通大

学，2008.

　　［636］肖劲科．浅谈网络安全与密码技术的应用［J］．中国信息化，2014（11）：59-60.

　　［637］肖连兵，黄林鹏．网格计算综述［J］．计算机工程，2002（3）：1-3，50.

　　［638］肖巍．基于 Alien 阅读器的 RFID 技术研究［J］．长春师范学院学报，2010，29（12）：34-37.

　　［639］肖晓飞．第三代网络技术：网格计算技术［J］．电脑知识与技术，2007（17）：1291-1292.

　　［640］谢春．人工智能技术在电气自动化控制中的应用思路［J］．中国设备工程，2019（4）：203-204.

　　［641］谢俊祥，张琳．智能可穿戴设备及其应用［J］．中国医疗器械信息，2015，21（3）：18-23.

　　［642］谢磊．基于 ZigBee 的仓库数据采集传输管理系统研究［D］．西安工业大学，2011.

　　［643］谢伟麟．浅析电力系统计算机信息安全的防护［J］．黑龙江科技信息，2010（34）：110.

　　［644］新晨范文．https：//www.xchen.com.cn.

　　［645］新浪博客．http：//blog.sina.com.cn.

　　［646］行知部落．https：//www.xzbu.com.

　　［647］徐昶．人工智能在机器人足球赛中的应用［D］．武汉理工大学，2007.

　　［648］徐福昌，李雪飞，赵虹，等，基于多智能体的银行业务调度决策和协作模型研究［J］．中国金融电脑，2018（4）：42-50.

　　［649］徐富海．物联网在国际防灾减灾领域的应用与发展［J］．中国减灾，2011（17）：14-15.

　　［650］徐光磊．信托：一种复杂适应性综合集成金融工具［J］．金融发展评论，2012（11）：123-139.

　　［651］徐礼国．无线混沌数字通信系统的设计与实现［D］．广东工业大学，2011.

　　［652］徐丽平．物联网关键技术及应用研究［J］．无线互联科技，2015（23）：22-23.

　　［653］徐丽平．语义网格核心技术及其应用研究［J］．电脑知识与技术，2009，5（11）：2833-2834，2839.

　　［654］徐利谋，茹倍倍，陈利剑．物联网技术发展与应用［J］．计算机光盘软件与应用，2012（2）：7-8.

　　［655］徐敏．基于资源环境系统复杂性研究的城市环境规划理论与方法［D］．湖南大学，2004.

[656] 徐心宇. 人工智能导向下的视觉呈现设计 [D]. 东南大学, 2019.

[657] 许波. 基于树形冲突分解的 1——坚持 CSMA 协议分析 [D]. 云南大学, 2011.

[658] 许航. 基于 SapHana 内存计算的大规模数据分析系统的设计与实现 [D]. 吉林大学, 2016.

[659] 许江军. 射频识别（RFID）技术及在公交行业的应用 [J]. 城市公共交通, 2010 (3)：33-35.

[660] 许金元. Photoshop 在网页设计中的作用 [J]. 信息与电脑（理论版）, 2010 (12)：67, 69.

[661] 许丽. 红色文化资源数字化保护与创新发展路径 [J]. 人民论坛, 2021 (1)：139-141.

[662] 许敏. 浅析电子时代的档案信息安全 [J]. 档案天地, 2019 (1)：41-42, 40.

[663] 许萍, 刘洪. 复杂适应系统观的组织变革——提升企业环境适应力的途径 [J]. 复杂系统与复杂性科学, 2007 (2)：18-24.

[664] 许森, 高程, 卞宏梁. 5G 无线网络架构对传输网的影响 [J]. 中兴通讯技术, 2018, 24 (1)：6-12.

[665] 许彦辉. 基于摸石头过河算法在多目标优化问题中的应用研究 [D]. 江苏科技大学, 2020.

[666] 许志远. 可穿戴设备的关键技术趋势 [J]. 中国信息化, 2014 (17)：18-19.

[667] 薛国良, 丁学成, 阮炜国. 熵理论在生命科学中的应用 [J]. 河北大学学报, 1999 (1)：98-102.

[668] 薛国良. 关于信息光学中信息熵的表达式 [J]. 河北大学学报, 1989 (1)：68-71.

[669] 薛国良. 熵与信息之关系的严格表述 [J]. 河北大学学报, 1989 (Z1)：156-159.

[670] 薛慧丽. 基于云计算的高校教育资源平台设计研究 [J]. 科技信息, 2011 (20)：215-216.

[671] 闫雪虎, 李媛姗. 数字水印及其标准化初探 [J]. 航空标准化与质量, 2010 (3)：34-37.

[672] 闫友彪, 陈元琰. 机器学习的主要策略综述 [J]. 计算机应用研究, 2004, 21 (7)：4-10, 13.

[673] 严红平, 潘春洪. 模式识别简述 [J]. 自动化博览, 2006 (1)：22-24, 26.

[674] 颜延, 邹浩, 周林, 等. 可穿戴技术的发展 [J]. 中国生物医学工程学报,

2015, 34 (6): 644-653.

[675] 晏澜菲. 数字农业建设迎来新契机 [N]. 新农村商报, 2017-10-18 (A06).

[676] 杨安春. 离心泵站集散监控系统的研究与开发 [D]. 四川大学, 2005.

[677] 杨安实. 浅析计算机安全与维护 [J]. 科技信息, 2011 (16): 611.

[678] 杨彬彬. 基于加权超网络模型的科研组织知识共享研究 [D]. 华南理工大学, 2014.

[679] 杨博. 青年健康跟踪产品设计与研究 [D]. 西安工程大学, 2016.

[680] 杨春梅, 马岩, 齐英杰, 等. 基于 PID 的微纳米木粉目数比例控制 [J]. 东北林业大学学报, 2013, 41 (12): 141-144.

[681] 杨昊. 我国智能物流发展支撑体系构建研究 [D]. 华侨大学, 2013.

[682] 杨华昆. 大数据时代数据挖掘技术探讨 [J]. 电脑编程技巧与维护, 2015 (24): 78-79.

[683] 杨槐. 基于服务总线浮动车数据分布式并行处理算法 [J]. 科技资讯, 2013 (29): 11-15.

[684] 杨建枫. 基于 ICC 标准下的色彩管理的局限性 [J]. 印刷杂志, 2004 (10): 51-52.

[685] 杨建伟, 陈曾, 张历. 并行算法在南海配电网运行的初步应用研究 [J]. 机电工程技术, 2011, 40 (8): 145-148, 205.

[686] 杨静, 曹家俭. 连续贝叶斯网络模型在断面调查数据的应用 [J]. 计算机工程与应用, 2014, 50 (19): 192-198.

[687] 杨静静. 一种基于纹理分块和颜色特征的数字水印算法 [D]. 大连理工大学, 2008.

[688] 杨珺, 王兴宇, 王厚淳. 高等农业院校计算机与信息工程学科培养方向的思考与探索 [J]. 江西教育学院学报 (综合), 2006 (6): 58-59, 63.

[689] 杨珺, 王映龙. 数字农业时代江西新型农业信息教育体系的研究 [J]. 农业网络信息, 2007 (3): 92-94.

[690] 杨凯. 无线自组网规模化混合路由关键技术研究 [D]. 北京交通大学, 2020.

[691] 杨立宏. 掌握条码基本知识 促进条码事业发展 [J]. 企业标准化, 2003 (1): 26-28.

[692] 杨丽芳. RFID 在图书馆中的应用 [J]. 内蒙古科技与经济, 2010 (23): 135-136.

[693] 杨萌, 聂铁铮, 申德荣. 基于随机森林的实体识别方法 [J]. 集成技术, 2018, 7 (2): 57-68.

[694] 杨为民, 周云. 基于信息熵和经营耗散理论下的品牌自传播计量框架 [J].

商业研究，2006（18）：21-23.

［695］杨希玲 . RFID 技术应用中的问题及对策分析［J］. 煤炭技术，2011，30
（1）：236-238.

［696］杨晓丹，张宏 . 预测学在火灾科学中的应用［J］. 消防科学与技术，2007
（3）：329-331.

［697］杨鑫荣 . 计算机网络技术的问题与解决途径［J］. 计算机光盘软件与应用，
2012（1）：38-39.

［698］杨洋，陈家俊 . 基于群智能算法优化 BP 神经网络的应用研究综述［J］. 电
脑知识与技术，2020，16（35）：7-10，14.

［699］杨熠，尹林 . 传感器的发展方向［J］. 通讯世界，2015（7）：19-20.

［700］姚福生 . 先进制造和自动化技术发展趋势［J］. 航空制造技术，2003（4）：
26 30，43.

［701］姚建王 . 基于复杂网络理论的水华暴发数值模型研究［D］. 重庆大
学，2011.

［702］姚胜译，吴丹 . APP 隐私政策用户友好度评价研究［J］. 信息资源管理学
报，2021，11（1）：30-39，58.

［703］姚为彭 . 医院计算机网络系统的设计与安全［J］. 无线互联科技，2014
（3）：182.

［704］姚旭 . 激光通信组网关键技术研究［D］. 北京交通大学，2020.

［705］耶亚林，钱凤臣，杨科利 . 物联网军事应用价值研究［J］. 电脑知识与技
术，2011，7（35）：9087-9088.

［706］叶浩波 . 优劣系数法在厂房工程投标方案确定中的应用［J］. 科技资讯，
2008（24）：108.

［707］叶巧选 . 复杂理论视角下的学校发展［D］. 河北师范大学，2013.

［708］叶鑫鹏，谭光兴，林川，等 . 基于免疫算法的交通标志分割［J］. 信息技
术，2013，37（7）：54-57，62.

［709］易俊，周孝信，肖逾男 . 电力系统自组织临界特性分析与仿真模型［J］.
电网技术，2008（3）：7-12.

［710］殷红春 . 品牌生态系统复杂适应性及协同进化研究［D］. 天津大
学，2005.

［711］殷志敏 . 术前 PET/CT 检查在非小细胞肺癌淋巴结清扫中的意义［D］. 扬
州大学，2020.

［712］游建培 . 数据仓库应用及未来发展［J］. 金融电子化，2007（9）：65-67.

［713］游士兵，郑开元，于雪，等 . 色谱经济分析法的理论思考［J］. 科学决策，
2012（8）：73-83.

［714］于长和，谢方俭，王卫 . 检测液压系统故障新技术［J］. 液压与气动，

1986（1）：29-31.

[715] 于淼.计算机网络技术及在实践中的应用 [J].数字技术与应用，2015（9）：76.

[716] 于树青.基于生态位理论的城镇品牌价值链构建研究 [D].中国海洋大学，2012.

[717] 于晓然."互联网+"环境下的高职高专教学方法探究 [J].才智，2017（25）：224.

[718] 于志伟，苗鸿雁，谈国强.模糊理论及其在材料科学中的应用 [J].功能材料，2007（9）：1405-1407.

[719] 余芳芳，王进广，何兵兵，等.一种光纤压力传感器测量食管曲张静脉压力的方法 [J].世界华人消化杂志，2014，22（2）：221-226.

[720] 余文胜，吕新颖，胡士强.浅谈航空航天工程方向虚拟仿真实验教学 [J].教育教学论坛，2020（2）：376-377.

[721] 於崇文.地质作用的自组织临界过程动力学 [J].地学前缘，2000（1）：13-42.

[722] 元春，徐光祐，高原，张弨帅.中国多媒体技术研究：2010 [J].中国图象图形学报，2011，6（7）：127-133.

[723] 袁帅鹏.具有特殊约束的流水车间成组调度问题研究 [D].北京科技大学，2021.

[724] 袁毓林.自然语言理解的语言学假设 [J].中国社会科学，1993（1）：189-206.

[725] 原创力文档.https：//max.book118.com；http：//max.book118.com.

[726] 苑娟，万焱，褚意新.熵理论及其应用 [J].中国西部科技，2011，10（5）：42-44.

[727] 苑严伟.数字农业典型智能化装备虚拟仿真技术研究 [D].中国农业机械化科学研究院，2010.

[728] 曾宏翔.基于双波长的手掌多模态识别与防伪研究 [D].浙江工业大学，2020.

[729] 曾令思，王铁方.浅谈数据挖掘 [J].电子制作，2016（14）：96.

[730] 翟鸿雁.RFID与传感器网络集成方法研究 [J].现代计算机（专业版），2011（4）：21-23.

[731] 翟雨生.基于Pareto的多目标免疫算法的产品方案设计研究 [J].计算机与数字工程，2015，43（7）：1212-1216.

[732] 张爱娥.山东大学齐鲁医院药品管理系统的设计与实现 [D].大连理工大学，2013.

[733] 张本祥，孙博文，马克明.非线性的概念、性质及其哲学意义 [J].自然

辩证法研究，1996（2）：11-17，47.

[734] 张本祥，颜泽贤. 复杂性科学视野中的还原论问题 [J]. 复杂系统与复杂性科学，2005（3）：79-83.

[735] 张本祥. 不可计算复杂性的机理与意义 [D]. 华南师范大学，2006.

[736] 张灿. 刍议 IPv6 在物联网中的应用 [J]. 网络安全技术与应用，2014（4）：96-97，99.

[737] 张超. 基于复杂网络理论的输电网脆弱域识别研究 [D]. 华北电力大学（河北），2007.

[738] 张成志，李其均. 感知粮食——粮食物联网技术应用浅析 [J]. 农业机械，2010（31）：68-69.

[739] 张达治. 数字水印算法研究 [D]. 吉林大学，2006.

[740] 张海亮. 智能交通物联网发展展望 [J]. 中国交通信息化，2010（12）：30-32.

[741] 张海鹏. 升力反馈减摇鳍系统的研究及随动系统的改造 [D]. 哈尔滨工程大学，2002.

[742] 张红强. 工业机器人时间最优轨迹规划 [D]. 湖南大学，2004.

[743] 张嘉伟. 关于计算机理解自然查询语言的研究 [J]. 信息技术与信息化，2016（4）：116-118.

[744] 张建君. 基于地理位置的分簇路由协议 GEECR 的研究与设计 [D]. 东北大学，2009.

[745] 张姜欣. "可穿戴设备+健康险" 的需求分析和应对策略研究 [D]. 东北财经大学，2016.

[746] 张洁，陈蔚芳，王宇生. FMS 运控软件设计方法的研究与实现 [J]. 南京航空航天大学学报，1997（5）：103-107.

[747] 张金旭，张金社. 物联网中的 RFID 技术 [J]. 电子商务，2010（10）：65-66.

[748] 张峻.5G 技术在出版产业中的应用可行性研究 [J]. 出版与印刷，2020（4）：31-39.

[749] 张恺，马忠军，李科赞. 朋友关系网络的实证统计研究 [J]. 电子科技大学学报，2014，43（3）：336-341.

[750] 张磊. 多智能体技术在交通系统中的应用研究 [J]. 山西建筑，2016，42（18）：256-258.

[751] 张力军，石湘龙. 案例推理在汽车维修故障诊断中的应用 [J]. 湖南理工学院学报，2005（3）：73-76.

[752] 张立业. 有限尺寸复杂结构群体上的演化协调博弈动力学 [D]. 华东师范大学，2015.

[753] 张丽云 . 英汉机器翻译系统自动评测方法的研究与实现 [D]. 北京工业大学，2006.

[754] 张霖 . 基于粗糙本体的控制阀产品检索 [D]. 北方民族大学，2016.

[755] 张梦莹 . 基于景观格局与 Markov 的太原市土地利用变化与预测 [D]. 山西大学，2013.

[756] 张南生 . 智能家居的展望、技术规范及市场分析 [J]. 中国公共安全，2016 （11）：40-43.

[757] 张培，张丽莉，程丹丹 . 虚拟现实技术对农业推广的作用探究 [J]. 产业与科技论坛，2015，14 （18）：45-46.

[758] 张平，陶运铮，张治 .5G 若干关键技术评述 [J]. 通信学报，2016，37 （7）：15-29.

[759] 张平 . 物资库信息化管理系统设计与实现 [D]. 电子科技大学，2014.

[760] 张启良 . 大数据的基本知识及其比较 [J]. 统计与咨询，2016 （1）：37-39.

[761] 张千彧 . 基于技术成熟的可穿戴设备发展分析 [J]. 医学信息，2019，32 （6）：16-19.

[762] 张清 . 超大型油轮居住舱室噪声评估与控制 [D]. 大连理工大学，2017.

[763] 张润，王永滨 . 机器学习及其算法和发展研究 [J]. 中国传媒大学学报，2016，23 （2）：10-18，24.

[764] 张珊 . 新时代红色文化教育与传承的"微"实践 [J]. 百色学院学报，2020，33 （6）：118-121.

[765] 张胜芳 . 基于 B/S 的在线考试系统 [D]. 电子科技大学，2009.

[766] 张婷 . 活性炭在油气回收的应用研究 [D]. 北京化工大学，2017.

[767] 张伟，张春华，徐卫 . 增强现实技术及其应用研究 [J]. 电脑编程技巧与维护，2012 （6）：66-67.

[768] 张文阁，赵亮 . 正确引导科学监管促进物联网健康有序发展 [J]. 世界电信，2011，24 （Z1）：36-40.

[769] 张希婧 . 柑桔枝干结构可视化建模及多粒度呈现 [D]. 东北师范大学，2009.

[770] 张喜海，于啸，吴亚春，魏晓莉 . 数字农业教育与学生创新意识培养 [J]. 计算机教育，2010 （8）：11-13.

[771] 张小威 . 基于情绪分析的客户服务质量预控 [D]. 北京交通大学，2015.

[772] 张孝飞，张振国，刘星河 . 虚拟现实技术在农业职业教育中的应用 [J]. 安徽农业科学，2007 （7）：2092-2093.

[773] 张笑 . 智能会计应用研究 [J]. 商场现代化，2020 （13）：88-90.

[774] 张学锋 . 基于物联网技术的渣土车智能监管系统设计与实现 [J]. 软件产

业与工程，2010（6）：16-21，38.

［775］张岩. 基于能量均衡的无线传感器网络覆盖控制算法研究［D］. 东北大学，2011.

［776］张彦茹，石文昌. 关于对呼和浩特市云计算发展方向的思考［J］. 内蒙古统计，2012（3）：5-7.

［777］张也弛. 服务型机器人产品造型设计研究［D］. 吉林大学，2006.

［778］张永宁，王泓贤.3D 投影动画的表现方式研究［J］. 工业设计，2019（1）：144-146.

［779］张勇，王晓东. 面向技术复杂性创新组织——复杂网络组织［J］. 科技进步与对策，2004（8）：10-12.

［780］张宇.RFID 技术在烟草工业物流系统中的应用［J］. 物流技术与应用，2019，24（2）：132-134.

［781］张云帆，乔长兵，郑直. 大数据技术及其在通信领域的应用［J］. 电信快报，2013（11）：21-23，37

［782］张泽华. 混沌免疫协进化算法研究［D］. 太原理工大学，2006.

［783］章诚杰. 浅谈电子信息无线网络与通信的差异［J］. 电子世界，2017（4）：35-36.

［784］赵丙军，王旻霞，司虎克. 基于 CiteSpace 的国内知识图谱研究［J］. 图书情报工作网刊，2012（8）：23-31.

［785］赵丹卿. 移动终端设备与新一代信息技术支持下的移动学习［J］. 信息与电脑（理论版），2021，33（11）：241-243.

［786］赵东，周敏. 网络经济中企业竞争优势培育［J］. 能源技术与管理，2005（3）：72-74.

［787］赵冬. 无线局域网技术的发展及应用［J］. 煤，2009，18（5）：33-34.

［788］赵凡. 网格技术综述［J］. 甘肃科技，2010，26（13）：30-33.

［789］赵红，赵志强. 数字农业与高等农业教育［J］. 河北农业大学学报（农林教育版），2004（1）：18-20.

［790］赵坚. 航天装备管理信息与仿真系统研究［D］. 南京理工大学，2001.

［791］赵建新. 复杂网络理论及其在计算机拓扑行为中的应用［J］. 计算机光盘软件与应用，2014，17（4）：83-84.

［792］赵乐. 基于上下文语义的文本情感分类研究［D］. 桂林理工大学，2019.

［793］赵亮，贺耀宜，王勇，等. 基于免疫算法的分层覆盖组播技术研究［J］. 工矿自动化，2011，37（7）：44-49.

［794］赵鹏程，王致杰，孟江，等. 基于免疫神经网络模型的油气浓度预测研究［J］. 自动化博览，2005（3）：69-71，74.

［795］赵钦，郝丽珍，郭鲜凤. 高级程序设计语言教与学切入点探析［J］. 太原

大学学报，2012，13（2）：114-116.

［796］赵锐，邹华林．SimulationX 系统在网络通讯设计中的应用分析［J］．商场现代化，2010（7）：23.

［797］赵书强，王磊．改进蚁群算法在配电网规划中的应用［J］．电力系统保护与控制，2010，38（24）：61-65.

［798］赵巍．分布系统下的调度算法的研究［D］．江南大学，2007.

［799］赵维佺，冼钊龙．监控组态软件的研究与应用［J］．工业控制计算机，2006（10）：18-19.

［800］赵维树，黄思韵．BIM 技术在装配式建筑拆除阶段的应用探讨［J］．黑龙江工业学院学报，2019，19（1）：31-36.

［801］赵卫东，李旗号，盛昭瀚．基于案例推理的决策问题求解研究［J］．管理科学学报，2000（4）：29-36.

［802］赵鑫．刍议搜索引擎中知识图谱技术［J］．辽宁行政学院学报，2014，16（10）：150-151.

［803］赵彦禹．互联网技术在医学遗传学教学中的应用［J］．教育现代化，2018，5（52）：169-170.

［804］赵颖．尺寸效应和混合择优增长网络度分布的研究［D］．河北工业大学，2007.

［805］赵永刚．股票市场演化机制及其复杂性研究［D］．东北财经大学，2005.

［806］赵玉学．对计算机网络安全的现状及对策的研究［J］．黑龙江科技信息，2009（20）：75.

［807］赵远鹏．分形几何在建筑中的应用［D］．大连理工大学，2003.

［808］赵占雪．"强"人工智能离我们还有多远［J］．软件和集成电路，2021（1）：15-19.

［809］赵志燕．计算机网络安全问题研究［J］．软件导刊，2010，9（3）：124-125.

［810］赵智明．5G 全息异地同屏访谈引发的云采编思考［J］．中国广播，2021（2）：52-55.

［811］甄盼好．浅谈机器学习方法［J］．网络安全技术与应用，2014（1）：176-177.

［812］郑春．浅谈物联网技术［J］．电脑知识与技术，2011，7（21）：5108-5109，5111.

［813］郑国晖，肖霏，于弼君．云计算技术发展与应用研究［J］．硅谷，2011（20）：104-105.

［814］郑鸿云，赵红颖，魏云鹏，等．小型无人机快速最优化稳像方法研究［J］．影像科学与光化学，2016，34（1）：51-58.

［815］郑涛．基于混沌遗传算法的移动机器人路径规划研究［D］．西安科技大学，2010.

［816］郑彦平，王福平．传感器技术谈［J］．西北民族学院学报，2000（3）：31-34.

［817］郑益安，金红．非线性理论在安全管理工作中的应用［J］．电力安全技术，2009，11（5）：47-49.

［818］直敏．基于蚁群算法的网络安全路由算法研究［J］．信息安全与技术，2013，4（5）：32-34.

［819］智能科学．http：//www．intsci．ac．cn．

［820］中国教育人博客．http：//jwdedu．blog．edu．cn．

［821］中国轻工业网．http：//www．clii．com．cn．

［822］中国证券网．http：//news．cnstock．com．

［823］中国制造业信息化门户．https：//articles．e-works．net．cn．

［824］钟宏伟．遗传算法与 TSP 问题［J］．内蒙古科技与经济，2004（12）：72-73.

［825］周冬梅，刘志远，罗超俊，等．SDN 在云计算网络中的安全策略研究［J］．智能建筑，2017（9）：41-43.

［826］周红军，王选科．虚拟现实系统概述［J］．航空计算技术，2005（1）：114-116.

［827］周嘉声．基于空时压缩的 WSN 分簇优化研究［D］．南京邮电大学，2018.

［828］周金龙，王仲君．基于克隆选择的免疫算法研究［J］．武汉理工大学学报，2012，34（6）：726-728.

［829］周瞰．中国云计算发展战略规划［J］．互联网周刊，2012（13）：28-35.

［830］周丽燕，任姣姣．3D 打印让生物起死回生？［N］．人民政协报，2014-05-08（012）．

［831］周其乐．浅谈关系型数据库［J］．科技资讯，2009（4）：15.

［832］周润桃．高校计算机语言综合实验教学研究［J］．电脑知识与技术，2011，7（9）：2115-2116，2118.

［833］周伟光．基于位置标签的复合词抽取方法研究［D］．湖南大学，2015.

［834］周璿．TD-SCDMA 与 WLAN 组网融合技术的应用研究［D］．苏州大学，2011.

［835］周彦鹏．基于频域的图像数字水印研究［D］．北京邮电大学，2010.

［836］周雨晗，尚泽昊，耿晓晗．基于区块链的手机 APP 点评系统［J］．数码世界，2017（12）：514-515.

［837］周彧．区块链撬动各领域变革［J］．科学新闻，2018（2）：26-31.

［838］周毓麟，沈隆钧．高性能计算的应用及战略地位［J］．中国科学院院刊，

1999（3）：184-187.

[839] 周振华. 思维的认知哲学研究 [D]. 山西大学, 2016.

[840] 朱方. 基于人体运动学的客流信息采集系统的设计与实现 [D]. 河北工业大学, 2007.

[841] 朱杰杰, 潘志庚, 孙超. 增强现实技术应用综述 [A]. 中国计算机学会, 2008：8.

[842] 朱军文. 智能教学系统中范例推理研究 [J]. 福建电脑, 2010, 26（12）：15-17.

[843] 朱孔村. 大数据发展现状与未来发展趋势研究 [J]. 大众科技, 2019, 21（1）：115-118.

[844] 朱丽. 自适应控制实现 Chen 混沌系统同步的实验研究 [D]. 西安电子科技大学, 2006.

[845] 朱喜基, 马红芝. 三维虚拟校园漫游系统实现流程的研究 [J]. 信息与电脑, 2018（7）：234-235.

[846] 朱晓鑫. 震灾应急物资调度的优化决策模型研究 [D]. 哈尔滨工业大学, 2017.

[847] 竺加毅. 自适应图像缩放算法及硬件设计 [D]. 上海交通大学, 2009.

[848] 祝汉燕. 外圆纵向智能磨削专家系统的研究 [D]. 吉林大学, 2006.

[849] 邹恩, 李祥飞, 张泰山. 混沌与混沌应用 [J]. 计算机工程与应用, 2002（11）：53-55, 67.

[850] 邹复民, 蒋新华, 胡惠淳, 等. 云计算研究与应用现状综述 [J]. 福建工程学院学报, 2013, 11（3）：231-242.

[851] 邹伟进, 郑凌云. 中国企业孵化器网络化演进 [J]. 中国地质大学学报, 2010, 10（1）：104-109.

[852] 邹煜, 何晓晖, 李峰, 等. 仿真技术在工程装备研究中的应用与建议 [J]. 机械, 2012, 39（S1）：1-5, 9.